King's Costume

王의 服飾

고래일르김

王의 服飾
King's Costume

꼬레알리즘 corealisme

2009년 11월 17일 1판 1쇄

발 행 인   김 건 우
발 행 처   ㈜꼬레알리즘

등   록   제 384-2006-000008호
전화 Tel.   0502-520-2000, 031-464-0096
팩스 Fax.   031-464-4604
e-mail   corealisme@hanmail.net
Homepage   www.corealisme.com

기   획   변 청 자
진   행   천 정 화
디 자 인   정 미 영

ⓒ 꼬레알리즘 Corealisme, 2009

값 100,000원

잘못 만들어진 책은 바꾸어 드립니다.

ISBN 978-89-9314004-0

King's Costume

王의 服飾

유희경 · 김혜순 著

꼬레알리즘

안녕하십니까, 문화체육관광부 장관 유인촌입니다.

전통문화의 올바른 이해와 가치 제고를 위해 오랜 기간 연구하여 그 결과를 책으로 출간하게 된 것을 진심으로 축하합니다. 더욱이 대한민국의 문화예술 정책을 주관하는 부처의 장관으로서 감사의 인사를 전합니다. 21세기는 대한민국이 문화강국으로 세계 속에 자리매김하는 시대입니다. 이에 우리는 문화적 개성을 확보하여 더욱 새롭고 높은 문화가치를 창출해야 할 것입니다. 우리 부에서는 이러한 시대적 요청을 견지하여 민족의 고귀한 숨결을 간직한 전통문화를 보호 육성해 왔습니다. 그 결과 우리 전통문화가 유네스코 세계문화유산으로 지정되는 쾌거가 속속 이어지고 있습니다. 이러한 때에 우리나라 복식사의 중요 저서가 될 『王의 服飾』의 출간을 진심으로 축하드립니다. 이 책의 출간은 고품격의 전통문화 원형을 발굴하고 체계화하여 세계에 알리는 소중한 일로, 이 모두가 개인의 노력으로 이루어졌다는 점에서 더욱 감사를 드리지 않을 수 없습니다.

전통복식 분야 제1호 박사로 일생을 우리 한복의 학문적 발전과 계승에 큰 틀이 되어주신 유희경 박사와, 이론은 물론 뛰어난 감각과 솜씨로 '한국스타일(Korean Style)의 세계화'에 크게 기여해 주시는 김혜순 선생, 이 두 분이 철저한 고증을 통해 임금님의 옷을 복원하였습니다. 그리고 그 결과를 하나하나 체계적으로 정리하였습니다.

두 분의 큰 수고가 우리 문화의 위상과 자긍심을 더욱 높이는데 일조할 것이라 믿어 의심치 않으며, 이후에도 이와 같은 알찬 결실이 더욱 많이 나와 주기를 기대하는 바입니다.

2009년 10월 5일

문화체육관광부장관　유 인 촌

Congratulatory Message

I would like to congratulate the publication of *King's Costume* wholeheartedly, the result of years-long research which was to comprehend Korea's traditional culture rightly and enhance its value. In addition, as the Minister in charge of culture and art policies, I would like to sincerely appreciate the authors' efforts behind.

Korea desires to establish itself as the world's cultural powerhouse in the 21th century. For this, we need to identify our cultural personality, and create new and high value from the cultural sector. Fully understanding the historical mission, the Ministry has protected and promoted traditional culture which has preserved the sentiments of the Korean people. As a result, some of our cultural assets have been designated as UNESCO World Heritages. At this point of time, the timely publication of *King's Costume* which will undeniably be noted as a historic book in the study of Korean costume is greatly meaningful. The book uncovered and wrote the prototype of traditional culture, making the world comprehend our traditional culture. Most surprisingly, it was done by individuals solely, in that I sincerely appreciate their painstaking efforts. Dr. Yoo, the first doctor in the field of traditional Korean costume, has dedicated her life to be a pillar to support *Hanbok*'s academic development and inheritance. Kim, Hye-soon who contributes to the 'globalization of Korean Style' through her exceptional talent and craftsmanship. The both great figures have ascertained deliberately historic facts and reconstructed the Korean king's costume and wrote the book documenting what they have found.

I firmly believe that their endeavors will enhance our cultural prestige and confidence. Furthermore, at the wake of the publication, I hope to see more researches alike relating to the Korean tradition publicized.

Thank you.

5. October, 2009

Yu, In-chon

Minister of Culture, Sports and Tourism

통서 通序

도올 김용옥

    조선왕조 사대부가문의 사람이라면 누구든지 어렸을 때부터 암송하는 책으로 『소학小學』이라는 책이 있다. 그곳 「경신편敬身篇」 "의복지제衣服之制"를 다룬 곳을 펴면 관례(冠禮)를 받는 자에게 빈(賓: 관례를 주도하는 사람으로 특별히 초청받은 덕높은 사람)이 처음으로 치포관(緇布冠)을 씌워주면서 다음과 같이 축사(祝辭)를 하는 장면이 실려있다: "좋은 달, 길한 날짜에 비로소 너에게 원복(元服: 관을 의미함)을 씌워주노니, 지난날의 어린 마음을 이제 버리고, 너의 덕을 순성(順成)하여라. 장수를 누리는 상서로움이 있으리라. 크나큰 경복(景福)을 누리게 되리라. 令月吉日, 始加元服。棄爾幼志, 順爾成德, 壽考維祺, 介爾景福。"

    내가 지금 이야기하려고 하는 것은 과거 사람들의 의복은 오늘날 우리가 생각하는 것처럼 편리의 수단이라기보다는, 그 자체로 하나의 독자적인 상징체계였다는 사실이다. 의복은 선남선녀들의 손끝에서 제작되지만 결국 그들의 손은 보이지 않는 무명씨(無名氏)의 명령에 따라 움직이고 있다. 그 무명씨가 누구인가? 그 무명씨는 바로 시대정신(時代精神, *Zeitgeist*)인 것이다. 의복처럼 인간이 살아가는 시대정신을 정확하게 반영하는 것도 없다. 코코 샤넬(Gabrielle Chanel, 1883~1971)의 의상혁명은 한없이 복잡하고 불편한 의상의 속박으로부터 유럽의 여성들을 해방시켰지만, 그 의상혁명은 샤넬 개인의 창의성으로만 이루어진 것이 아니다. 그녀는 우리가 살고 있는 시대적 의식의 변화를 선도했을 뿐이다. 아직도 우리가 입고 있는 대부분의 옷들의 디프 스트럭쳐가 샤넬이 추구한 스타일에서 크게 벗어나지 않는다. 또 우리가 블루 진에 가벼운 남방을 걸쳤다고 해서 그것이 단순한 편의주의의 소산이라고만 규정할 수는 없다. 그 편의주의 자체가 매우 복잡한 심볼리즘일 수도 있으며, 보다 심도있게 해석되어야만 할 시대정신의 표현일 수도 있다. 그리고 그 스타일의 지속성만을 예언할 수는 없다.

    동물은 옷을 입지 않는다. 집에서 기르는 닭이나 개나 고양이를 보아도 털갈이로써 환경에 적응할 뿐, 인간의 옷에 해당되는 그 무엇은 존재하지 않는다. 인간도 애초에는 털로 덮혀있어, 털갈이 정도로 환경에 적응했을 것이다. 그러나 도구를 발명하고, 육식과 화식을 즐기면서 여가가 증가하고, 소화기관이 축소되면서 뇌용량이 커지고, 인지가 발달하면서 집단생활의 효율성이 커지자, 생활영역이 비약적으로 확대되었을 것이다. 그러면서 피부를 덮은 모발만으로는 견딜 수 없는 환경에 처하게 되었을 것이고, 인간은 부득불 몸의 대사를 보호하는 피부와 모발 이외의 어떤 옷이라는 존재를 필요로 하게 되었을 것이다. 그리고 착복은 모발의 퇴화를 초래했을 것이다.

나는 지금 옷에 대한 인류학적 고찰을 하려는 것도 아니고 의상의 기원에 대한 논문을 쓰려는 것이 아니다. 단지 복식의 역사는 인류문명의 역사와 보조를 맞추어 발전한 것이라는 명백한 사실을 언급하고자 하는 것이다. 인간이 언어를 개발했을 즈음에는 이미 복식을 소유한 존재였을 것이다. 복식이란 자연이 아닌 문명의 소산이다. 복식이란 단순히 추위를 막거나 노동시 신체의 보호라는 실용적 기능으로부터, 종족의 토템이나 타부, 군혼(群婚)이나 난혼(亂婚)의 위해성(危害性)으로부터 벗어나려는 도덕질서, 그리고 신분위계질서를 나타내는 예악형정(禮樂刑政)의 상징적 체계로서 발전하여 갔다. 복식은 어느덧 문명의 언어가 되어갔다. 그러면서 복식의 언어성은 복식을 실용적 대상에서 심미적 대상으로 비약시켰다. 그리고 복식을 만드는 질료의 공예의 발전사가 문명의 역사라고 말해도 과언이 아닐 것이다. 이 기나긴 역사의 정점에 "왕의 복식"이 있는 것이다.

진보적이라는 사관에 젖어있는 사람은 이와 같은 나의 말을 질책할 것이다: "어찌하여 그대는 지배계급의 논리로써 복식을 운운하느뇨?" 복식사에서 서민의 의상에 관한 연구는 매우 제한적인 것이다. 우선 문헌자료나 고고학적 발굴자료가 거의 없다. 중국정사(正史)의 "여복지輿服志"나 "거복지車服志"도 지배계층의 관복의 형식에 관한 규정을 말할 뿐 민간복식에 관하여는 말하지 않는다. 그리고 지방적 특성이라든가 민족적 성별적 차이에 관한 언급이 없다. 분묘의 출토유물이나 벽화도 서민복식에 관해서는 별로 자료를 제공하지 않는다. 근대로 오면서 부터 우리는 서민의 복장을 논의할 수 있을 뿐이다. 다시 말해서 서민의 복장은 지배계층의 복식을 통하여 구조적으로 접근할 수밖에 없다.

"왕의 복식"은 최고권력자의 복장이라는 단순한 시각에서 벗어나, 복식을 통하여 인간이 구현하려고 했던 상징체계의 정화라고 볼 때, 그것은 모든 일반복식과도 연속성을 지니는 구조들의 종합태라고 보아야 할 것이다. 하물며 그 복식을 만드는 장인들의 손길은 천하(天下)의 지성(至誠)이라 말할 수 있을 것이니, 천의무봉(天衣無縫)과도 같은 솜씨에 깃든 예술성은 "지성(至誠)은 여신(如神)이요, 천하의 대경(大經)을 경륜(經綸)할 수 있다."고 한 옛말을 상기시킨다.

일례를 들면, 여기 재현된 면복(冕服)만 해도 중국의 바이블이라 할 수 있는 13경중의 하나인『주례周禮』춘관종백(春官宗伯) 제3, 「사복司服」에 "대구면大裘冕", "곤면袞冕",

"취면毳冕", "별면繁冕", "희면希冕", "현면玄冕"의 육면(六冕)이 소개되어 있다. 이에 관하여 『후한서後漢書』 「여복지輿服志」, 그리고 『예기禮記』나 『의례儀禮』의 관련된 기술, 그리고 정현(鄭玄)의 주(注)와 가공언(賈公彦)의 소(疏)를 참작하여 상당히 자세한 정보를 취합할 수는 있으나, 결정적으로 『주례』 자체가 면복의 형식에 관한 서술을 결여하고 있어 실물의 정확한 모습을 복원하는데는 뚜렷한 한계가 있다. 추론에 의존하는 부분이 많을 수 밖에 없기 때문에 학자들간에 이견(異見)이 분분하다. 우리나라의 왕복은 명나라의 천자가 직접 하사한 면복에서 발전된 것이지만 그 세부적 모습에 있어서는 조선장인들의 인식구조를 통하여 독자적인 색감이나 질감, 그리고 선율을 발전시켰다. 현존하는 왕복에 근거하여 유희경선생이 고증하고 그것을 실물 그대로 김혜순선생이 재현하여 그 섬세한 아름다움을 누구나 알기쉽게 음미할 수 있도록 한 이 책은 인류복식사의 한 획을 긋는 대사건이라 하지 않을 수 없다. 앞으로 이와같은 작업이 보다 치밀하게 다방면으로 이루어지기를 소망한다.

인간의 역사는 우리가 흔히 알고있는 사학과의 통사적 역사만으로 인식되어질 수는 없다. 그것은 대체로 지배자들의 통치와 관련된 사건의 기술과 해석에 관한 것인데 외면될 수는 없는 것이지만 지극히 협애한 것이다. 통사(通史)는 다방면의 주제사(主題史)를 통하여 종합적으로 인식될 수 밖에 없는 것이다. 철학사, 문학사, 사회경제사, 건축사, 음악사, 무용사, 과학사, 전쟁사, 공예사, 종교사, 언어발달사, 고고학, 미술사 … 등등의 수없는 주제별 역사를 통관하는 시각이 없으면 풍요로운, 살아있는 인간의 모습을 전하는 통사는 쓰여질 수 없다. 이러한 모든 주제사들 중에서 복식사는 매우 중요한 학문분과임에도 불구하고 우리나라에서는 매우 소홀하게 취급되고 있는 느낌이 없지 않다.

역사란 본시 인간들의 활동의 자취이다. 그런데 그 인간들이란 "옷을 입은 존재들"이다. 역사에 나오는 인물들을 생각할 때, 그들이 과연 어떠한 옷을 입었는가를 아는 것은 매우 중요한 일이다. 예수가 과연 정확하게 어떤 옷을 입고 있었는가를 알지못하면 복음서의 많은 구절들이 이해되지 않는다. 전쟁의 양상이 전투복장의 형태에 따라 달라진다. 18세기의 풍만한 파팅게일 프레임(farthingale frame) 복장을 한 귀부인이 급하게 소·대변을 보아야 할 상황에 과연 어떻게 대처해야만 했을까를 상상하는 것도 재미있는 일이다. 보통 4·5인의 공간을 차지하는 그러한 복장을 입은 여인들의 행동거지의 불편함이란 이루말할 수 없는 것이었다. 마차를 오르내릴 때나 좁은 문을 지나갈 때 괴로운 상황의 연속이었을 것이다.

석주선(石宙善)선생의 파이오니어적인 위대한 작업으로 한국의 복식사는 그 서막을 올렸고, 그 뒤로 유희경(柳喜卿)선생이 보다 종합적이고 통시적인 복식문화의 그림을 그려놓았으나, 그것을 뛰어넘는 후학들의 독자적인 연구성과가 좀 아쉽게 느껴지는 실정이라고 고백할 수밖에 없다. 앞으로 많은 후학들의 연구가 활발하게 이루어지리라고 확신하지만, 그들의 연구방향과 방법에 관하여 몇 마디만 충언을 남겨두고자 한다.

첫째, 복식사에 관한 자료의 빈곤을 말하기 전에 기존 사료들을 정확히 해독할 수 있는 능력을 갖추어야 한다. 문헌자료는 실상 상당히 많다. 문제는 그 자료들을 정확히 출전과 고증을 밝혀가면서 해독하고 있지를 않는데 있다. 우리나라 복식에 관한 논문들을 보면 고유명사들에 대한 치열한 인식이 부족하다. 자기들이 인용하고 있는 책이 과연 어떤 책인지, 사람이 어떤 사람인지를 명료하게 탐구하질 않는다는 것이다. 관계문헌을 인용할 때에는 100% 그 원전문헌을 일일이 다 확인하고 그 문맥을 정확히 밝혀야 한다. 그런데 원전이 확인되지 않은 인용의 재인용이 너무 많다는 것이다.

이것은 복식사를 하는 사람들이 한학의 기초소양을 결여하는데서 생겨나는 문제들이다. 복식사를 공부하기 전에 한국고전번역원 같은 기관의 연수프로그램에 들어가 최소한 사서삼경(四書三經)이나 사기(史記)와 같은 한문공부를 마친 후에 복식사 분야를 개척해야 한다. 한학에 대한 기초적 소양도 없이 복식관련 한문자료만을 읽는다는 것은 도무지 어불성설이다. 한문을 읽는 사람은 누구나 거치는 과정이다. 공중누각을 만드는데 시간을 낭비하지 말고 처음부터 정석으로 학자의 삶을 시작해야 한다. 정확한 구독점이 찍힌 복식사관련 원문자료와 한글해석과 주석이 달린 소스북도 없는 상태에서 과연 어떻게 복식문화를 운운할 수 있겠는가?

둘째, 인문학의 총체적 소양속에서 복식사를 공부해야 한다. 복식을 아는 것은, 그 복식을 입은 사람을 아는 것이고, 그 사람을 아는 것은 그가 산 시대를 아는 것이다. 그 시대사에 대한 총체적 지식이 없이 복식만을 운운하는 것은 학문의 자격을 얻기 어렵다. 복식 하나만 해도, 그 시대의 역사, 철학, 문학, 종교, 경제, 사회상, 과학기술, 그러니까 하부구조와 상부구조의 총체적 모습을 정확히 인지해야 바른 해석이 가능해지는 것이다.

셋째, 한국복식사의 연구는 중국복식사와 일본복식사, 그리고 서양복식사 등등의 다양한 지역의 복식사와 같이 연구되어야 한다. 복식사라는 주제사의 한 분야에서 조차 넘어갈 수 없는 담들을 쳐놓고 서로 들여다보지도 않는다는 것은 참으로 몽매한 짓이다. 인간의 복식에 관하여 전체적인 식견을 가진 자만이 제대로 한국복식사를 운운할 수 있다. 그래야만 우리나라에서 위대한 디자이너들이 탄생할 수 있는 학문풍토가 마련

되는 것이다. 정중지와(井中之蛙)의 소견과 파벌의식을 초월하여 한문과 한학, 서양언어와 서양학문에 동시에 정통한 대학자들이 길러지지 않으면 우리나라 복식학계는 세계적인 인문학의 반열에 오르기 어려울 것이다.

1972년 가을 유희경선생님께서 타이뻬이로 연구하러 오셨다. 나는 그때 국립타이완대학(國立臺灣大學) 철학과에 재학중이었는데 아주 낡은 일제시대의 목조건물인 제9기숙사에서 살고 있었다. 나는 이층 한 방을 쓰고 있었는데 네모난 안마당쪽으로 개방된 나무 복도가 길게 나 있는 곳이었다. 한 방에 4명이 넉넉하게 생활할 수 있는 널찍한 공간이었다. 모기가 하도 많아서 꼭 모기장을 치고 잤다. 어느 날 나를 찾아오는 사람이 있었다. 내 방 앞 복도까지 와서 나를 찾는 것이다. 남자기숙사는 여자기숙사와 달리 문깐 수위도 없었고, 불러주는 사람이 없어서 외부인들이 직접 복도까지 들어올 수도 있는 개방적 체제였다. 그런데 나는 그 전날 변변치 못한 중국어 실력으로 레포트를 쓰느라고 밤늦게까지 공부를 해야만 했다. 늦잠을 잔 나는 무심결에 잠옷바람으로 방문을 나갔는데 아주 소담하게 깨끗한 한복을 입으신 유희경선생님께서 서계신 것이다. 몹씨 당황했다. 잠깐만 계시라고 하고 들어가서 옷을 갈아입고 나올 생각조차도 못하고, 이왕 잠옷결에 뵌 마당에 그냥 엉거주춤 서서 말씀을 나누고 기숙사 문전까지 배웅을 해드렸다.

나의 자모(慈母)를 잘 아시는 관계로, 유학간 자식의 안부를 전해드리기 위해 타이뻬이를 떠나시기 전에 한번 나에게 들르신 것 같았다. 그런데 그때 의관을 정제하지 못하고 잠옷바람으로 유희경선생님을 뵈온 것이 두고두고 마음에 걸렸다. 꼭 37년만인 오늘날까지도 그때 나의 모습에 관하여 나는 부끄러운 마음을 간직하고 있다. 37년이 지난 오늘 아직도 건강한 모습을 지니신 선생님께서 제자 김혜순과 함께 만든 이 귀한 저서에 서(序)를 하나 써드리는 것이 그 부끄러움을 면할 수 있는 길이 될지, 그것도 장담할 수가 없다.

2009년 10월 1일 새벽 녘
낙송암(駱松菴)에서 도올 경서(敬書)

Introduction

Doh-ol Kim, Young-oak | Ph. D., Harvard University
formerly Professor of Philosophy
Korea University

In the Joseon dynasty, children of noble birth all read and learnt by heart the *Xiaoxue*(*Classic of Lesser Learning*). In this book, the clause of the "System of Clothing" of the section *jingshen*(Revering the Body) gives a depiction of the Confucian coming-of-age ceremony in an extended family. Here, putting a *zibuguan*, or a kind of topknot cap worn by a male, grown-up Confucian scholar, to a young man who receives the celebration, the *bin*, or a person of high virtue who is specially invited to lead the ceremony offers his congratulations like this: "Since, on this auspicious date in a good month, I am giving this cap to you, you ought to leave behind the immature mind of the past and cultivate your virtues. You will enjoy a good fortune of longevity and have the biggest happiness and blessing(令月吉日,始加元服,棄爾幼志,順爾成德,壽考維祺,介爾景福)."

What I would like to say now is that to ancient people, the clothes was in itself an independent symbolic system rather than a mere means of convenience, contrary to our assumptions. Though garments are made by the hands of people, but their hands are ultimately controlled by another invisible hand. Then, what is this invisible hand? It is none other than the Spirit of the Age(*Zeitgeist*). Nothing can reflect the spirit of the times when people live more accurately than what they wear. It is true that Gabrielle Chanel(1883~1971)'s costume revolution liberated European women from the yoke of their extremely complicated and uncomfortable dresses, but the very liberation was never achieved by the creativity of an individual named Chanel. What she actually did was to lead the change of the spirit of our age. Most of the basic structures of our garments are still not far away from the style pursued by Chanel. Even a simple outfit of a shirt and blue jeans cannot be entirely ascribed to expediency, either. It is because expediency itself might be a very complicated symbolism or an expression of the spirit of the age that requires a more profound interpretation. Thus, it would be meaningless to simply predict how long this or that style will continue.

Animals do not wear clothes. If you had any chance to observe domestic creatures such as hens, dogs, or cats, you would know they only shed hair to adapt themselves to surroundings and have nothing like human beings' clothes. However, the human body at first may possibly have been also covered with hair and adjusted to the environment with the same method. But as they invented tools, had more leisure time by eating high protein meat and cooked food, had an increasingly larger brain as a result of an increasingly smaller digestive system, and had more effective communities through cognitive development, their life domains would have been phenomenally extended. This led them to the places where they could not bear only with hair on the skin and accordingly, they came to need wearables except the skin and hair protecting bodily metabolism, which caused the atrophy of hair.

I am neither intended to make an anthropological investigation into clothing nor write a dissertation on the origin of costume. I just wanted to mention the sheer fact that the history of clothing has developed in step with that of human civilization. By the time when man created language, he would have already had clothes. Clothing is the product not of nature but of civilization. It developed from the practical function of protecting against the cold or covering the human body at work, through the tribal totem, or taboos, or moral orders which cautioned against the harmfulness of group marriage or promiscuity, to a symbolic system indicating social hierarchy. It gradually became the language of the human civilization. Furthermore, due to its linguistic nature, clothing has moved from the object of practicality to that of aesthetics, and the history of the crafts of clothing materials also evolved with that of civilization. It is at the apex of this age-long history that the "king's costume" is placed.

It might be that the so-called exponents of the progressive view of history reproach what I said above: "On what ground do you discuss clothing in the light of the logic of the ruling class?" In the history of clothing, the study of the commoners' dresses is inevitably quite limited. Above all things, there are little literature and few excavated remains relating to them. The *yufu zhi* or *jufu zhi*(both mean the essays on vehicles and clothing) in the authentic *Chinese Dynastic Histories* dealt with only the official uniforms of the ruling class, not plebian clothes, and considered neither regional features nor racial or gender differences of clothing. Neither excavated relics nor mural paintings provide materials about commoner wear. It is only from the modern period that ordinary people's garments began to be investigated. In other words, they can be approached only from those of the ruling class in a structural way.

Thus, when viewed as the essence of the symbolic system that ancient people wished to embody through clothing, not merely as the supreme ruler's attire, the "king's costume" is the all-encompassing form as well as a continuation of all other kinds of clothing structures. And the skillfulness and sincerity of the craftsmen who made it was really beyond comparison. The artistic quality of their flawless and almost perfect workmanship reminds me of the old saying: "Sincerity is like divinity and can administer the great course of the world."

Let us take an example of *myeonbok* reconstructed in this book. The *sifu*(government officials' dress) chapter in the third section *chunguan zongbo*(Offices of Spring) in the *Zhouli*(Rites of Zhou), one of *Shisanjing*(*Thirteen Classics of Confucianism*) introduced six kinds of *myeonbok*(*daegumyeon*(大裘冕), *gonmyeon*(衮冕), *chuimyeon*(毳冕), *byeolmyeon*(鷩冕), *huimyeon*(希冕), *hyeonmyeon*(玄冕)). Though it is possible to gather considerably detailed information about them by referring to the *yufu zhi* chapter in the *Houhan Shu*(*History of the Later Han Dynasty*), the related comments in the *Liji*(*Book of Rites*) and the *Yili*(*the Classic of Rites and Rituals*), and Zheng Xuan's exegeses and Jia Gongyan's commentaries, the *Zhouli* decisively has no description on the form of *myeonbok* and therefore, provides certain limits on the accurate reconstruction of this full ceremonial dress. There are conflicting opinions regarding *myeonbok* among scholars, because much has to be left to conjecture. Though the Joseon king's costume was developed from the suit of *myeonbok* granted by a Ming emperor, its details such as colors, textures, and the unique rhythmic tonalities were recreated through the delicate perception of Joseon artisans. And finally in this book, the exquisite beauty of this dress came to be easily enjoyed by everyone through Dr. Yoo Hee-gyeong's historical investigation founded on the existing remains and *hanbok* designer Kim Hye-soon's masterly hand. I cannot help saying that this book is indeed a ground-breaking achievement in the history of the study of human costume. I hope the meaningful projects like this will be conducted in more diverse and elaborate way.

Human history can never be understood only through the historians' general history as we commonly know, which is mostly about the description and interpretation of the events associated with rulers' governance. General history is exceedingly narrow even though it should not be ignored. That kind of history needs to be complemented by thematic histories on various fields in a comprehensive way. Without an insight penetrating into histories on countless themes such as philosophy, literature, socio-economy, architecture, music, dance, science, war, crafts, religion, language development, archeology, art and so on, a rich holistic history which can convey the stories of lively human beings cannot be written. And in all these thematic histories, costume history seems to be more or less disregarded in Korea, though it is a very important academic subdivision.

History, in the true sense of the word, is the traces of the activities of "man that wears clothes." When it comes to historical figures, it is crucial to know how they were dressed. Those who do not know what clothes Jesus wore would have difficulty in understanding many Biblical passages, and wars could assume a different aspect depending on combat uniforms. It is interesting how an eighteenth century European lady wearing a farthingale dealt with the urgent need of relieving herself. The discomfort experienced by women in that foundation garment occupying four or five persons' space would have been almost unimaginable. They had to face a series of distressing situations such as when getting into or out of their carriage or passing through a narrow door.

The pioneering work of Dr. Seok Joo-seon offered a prelude to the study of Korean clothing history and then, Dr. Yoo Hee-gyeong a more comprehensive and diachronic view of Korean clothing culture, which unfortunately, I think, have not been successfully followed by more recent scholars' research achievements. Nevertheless, I am now firmly convinced that they will make active progress in their studies and therefore, I would like to give a few pieces of advice as regards their research directions and methods.

First, it is true that scholars of traditional Korean costume suffer from deficient materials, but they, first of all, ought to have an ability to interpret the existing historical documents exactly. In fact, there is considerable amount of historical records to read. The problem lies in that they are not interpreting the documents with full understanding of the original sources. They frequently seem to be hardly proficient in proper nouns, which means that they seldom make close investigations into the books or the figures that they quote from. Though researchers should identify the source of every quotation, there are too many re-quotations unidentified in writings in the field of Korean clothing history.

I believe this problem is caused by the fact that those who study the history of Korean costume ignore the foundational study of Chinese classics. Before entering into the study of Korean clothing history, students or scholars might as well complete the Chinese classical study programs provided by, for example, the National Institute for the Translation of Korean Classics, in order to learn about Chinese classics such as *Four Books* and *Three Classics* or the *Shiji*(*Records of the Grand Historian*), at the least. It may be unreasonable to read only clothing-related materials written in Classical Chinese without the knowledge of Chinese classics. This is the process gone through by all who read and study what are written in Classical Chinese. I think it is only with the original texts concerning Korean clothing history with correct punctuations and the sourcebooks with Korean interpretations and notes that Korean clothing culture begin to be discussed in real earnest.

Second, the study of clothing history should be done with humanistic accomplishments. To know clothes is to know who wears it, and to know the wearer is to know the period when he lives. Dealing only with the costume without general recognition of its age is not eligible for an independent academic discipline. The true appreciation of the costume in a period comes only when you obtain an accurate general view of the history, philosophy, literature, religion, economy, society, scientific technology, that is, both the super- and infrastructure of the given times.

Third, the clothing history of Korea should be studied with those of other regions and countries including China, Japan, and the West. It would be utterly absurd to draw rigid lines and not to look over them, even in this small field of thematic histories called clothing history. On the other hand, the extended insight on human clothing in general will not only make the field possible to approach Korean clothing history in an appropriate and proper way, but also lay the academic background where great designers will appear in this country. Only profound scholars who are deeply versed both in Chinese writings and classics and in Western languages and learning, and transcend academic factionalism and narrow opinions would contribute to establishing the study of Korean clothing as a world-class humanities.

In the autumn of 1972, Dr. Yoo Hee-gyeong came to Taipei for study. Around that time, I was studying Chinese philosophy at the Philosophy Department, National Taiwan University. I was living in the ninth male dormitory, a very old wooden building built in the period of Japanese Imperialism. My room on the second floor, which was large enough to accommodate four persons, had a long wooden corridor leading to the square-shaped courtyard. There were so many mosquitos that I had to sleep under a mosquito net. One day, I had an unexpected visitor, who was looking for me in the corridor just near my room. The men's dormitory had neither janitors nor superintendents unlike the women's and therefore, outsiders could openly enter the building. I was oversleeping because I had stayed up late writing a paper with my novice Mandarin, and went out of the door in my nightclothes, in spite of oneself, to find Dr. Yoo, who was neatly dressed in traditional Korean costume, standing there. I was so embarrassed that I could not even thought of asking her to wait a moment and going inside to change clothes. Instead, stooping slightly, still in my nightclothes, I talked with her a little while and went to the dormitory gate to see her off.

She is on good terms with my mother and thus, seemed to drop in on me before leaving Taipei in order to be able to tell my mother how I was getting on. The fact that I was not decently dressed in front of her on that day has always weighed upon my mind. I am still ashamed of how I looked even today when exactly thirty seven years have passed. And I am now wondering whether I will be able to be relieved of the shame if I present an introduction to this valuable book that Dr. Yoo, who still looks hale and hearty after the intervening thirty seven years, made with her student, Kim Hye-soon.

Doh-ol

In Naksongam(the hermit Cottage of Camel and Pine)

At the Dawn of 1. October, 2009

CONTENTS

王의 服飾

일러두기

1. 이 책에 수록한 모든 옷은 유희경 박사가 고증하고 김혜순한복에서 복원 및 재현하였음을 밝힌다.

2. 이 책은 『대한예전(大韓禮典)』을 근거로 조선 후기와 대한제국 시기 '왕의 복식'에 관해 서술하였다. 『대한예전』 원문 자료의 출처는 한국학중앙연구원의 왕실도서관 장서각 디지털 아카이브임을 밝힌다.

3. 한자는 첫 번에 한하여 한글 원문 뒤 ( ) 안에 표기하였다. 단, 효과적인 의미 전달을 요하는 경우에는 중복 표기하고, 동의이음(同義異音) 한자어는 [ ]로 표시한다.

4. 명칭에는 한자와 영문을 함께 표기하였고, 외국 독자들의 이해를 돕기 위해 영문해설을 수록하였다.

5. 동일한 옷이나 패용품은 맨 앞에 한 번만 수록하고, 명칭은 같으나 차이가 있는 것은 각각 수록하였다.

Introductory remarks

1. All the garments in this book were based on detailed historical research by Dr. Yoo Hee-gyeong and reconstructed and represented by Kim Hye-soon Hanbok.

2. This book explained the "King's costume" in the period of the later Joseon dynasty and Daehan Empire, founded on *Daehan Yejeon* in the Jangseogak Archives at the Academy of Korean Studies.

3. Sino-Korean syllables written in Korean are followed by Chinese characters in parentheses only once for the first time, except for effective conveyance of their meanings. And Sino-Korean words with the same meaning but different pronunciation are put in brackets.

4. All the names were written both in Chinese and English and have English explanations for foreign readers.

5. The images of garments and accessories are shown only once when they appear for the first time, but those with differences in spite of the same name are illustrated each time.

王의 服飾

한국 복식사 연구에 대한 회고

유 희 경 | 복식문화연구원 원장

우리 옷과의 인연이 반세기에 이르고 있습니다. 대학시절 제 앞에 주어진 많은 것들 중 눈이 가고
손이 간 것이 우리 옷입니다. 평소에 입어온 옷이기에 어려운 줄 모르고 시작했는데, 쉬운 듯
했던 시간은 순간처럼 지나가고 점점 어려움만 더해갔습니다. 지구상에서 5천년 이상의
역사를 지니며 고유한 의생활을 영위한 민족이 얼마나 되겠습니까? 이러한 자부심
으로 처음에는 가까운 역사에서 시작하여 우리 옷의 기본이 되는 저고리와 치
마 · 바지를 중심으로 연구했습니다. 이후 본격적으로 유물을 접하면서 다양한
종류의 옷들과 함께 중요한 의례복을 연구하게 되었습니다. 그러면서 자연스
럽게 왕의 복식을 접하게 되었고, 1972년에는 불모지나 다름없던 우리나라
의 '면복(冕服)'에 관한 연구로 박사논문을 썼습니다. 지금 돌이켜보니 부
족한 점이 있지만 그때에는 열정으로 이루어낸 결실이었습니다. 1975년에
는 『한국복식사연구』를 펴내었고 1981년에는 그 후의 연구 내용을 추가
보완하여 『한국복식문화사』로 개정하면서 우리 옷의 문화사적 흐름을 개
관하였습니다. 그러는 사이 후학들을 지도하여 이제는 그들이 대학을 비
롯한 전통복식 분야에서 모두들 제 몫을 담당하는 동량들이 되어 있습니
다. 또한 유물의 발굴과 정리 그리고 복원을 진행하면서 한복을 제작하는
사람들이 대학 바깥에서는 우리 옷에 대해 공부할 곳이 마땅치 않다는 이야
기를 듣고 정년퇴임 후에 대학로 흥사단에서 복식문화원을 열었습니다. 우리 옷
을 알고자 하는 이들에게 도움을 주겠다는 작은 뜻에서 둔하생들을 받기 시작했는
데 어느새 20여 년이 흘렀습니다. 처음 공부하러 온 이가 바로 이 책을 함께 집필한
김혜순 선생과 한국자수를 하던 유미광 씨입니다. 처음에는 우리 옷에 대한 유래와 기능
및 형태를 알려주는 등 실질적인 궁금증을 해소해 주는 정도였지만 시간이 지나면서 연구의 깊
이와 폭이 넓어지더니 옷, 자수, 매듭, 후수, 관모, 염색, 직조에 이르기까지 우리 옷에 관한 전 분야의

전문가들이 더러는 문하생으로 오고 더러는 공동 연구자로 관계하면서 모두 열성적으로 참여했습니다. 이 분들 역시 이제는 어려운 가운데서도 각 분야를 이끌고 있으니 참으로 감사할 따름입니다.

사회적으로는 1980년대 후반부터 전통문화에 대한 관심과 이해가 증대하면서 우리 옷에 대한 더 많은 자료 조사와 연구가 진행되었고, 1986년에는 김혜순 선생과 함께 처음으로 구장복을 복원해냈습니다. 이어 86아시안게임의 문화행사로 코엑스에서 왕의 복식을 비롯한 우리 옷들을 대대적으로 복원하여 공개하였습니다. 그때 이미 '왕의 복식'에 대한 연구 성과를 정리해야겠다고 마음먹었습니다. 그러고도 또 20년이 넘는 세월이 흘렀습니다. 어쩌면 이 책은 벌써 오래 전에 나올 수도 있었습니다. 그렇지만 한참의 세월이 흐른 지금 이 책을 마무리하면서 그 오랜 세월이 헛되지 않았다는 것을 다시 한 번 느낍니다. 우선은 이번 책이 전문 연구자들은 물론이고 우리 옷에 관심이 있는 많은 사람들이 참고할 수 있도록 정리했다는 점입니다. 또한 최고의 예복인 면복에서 평상복에 이르기까지 왕이 착용했던 옷들을 종류별로 모두 복원 및 재현한 점입니다. 이러한 점에서 김혜순 선생의 노력과 노고가 없었다면 불가능했을 것입니다. 더군다나 왕의 복식은 말 그대로 '服'과 '飾'을 두루 갖추어야 하는 것이니 다른 많은 분들의 노고가 없었다면 이 또한 가능하지 않은 일이었을 겁니다.

20여 년 동안 유물도 없이 재현에 매진해오다가 작년에 작고한 장순례 선생의 노력이 없었다면 후수의 복원은 이루어지지 않았을 겁니다. 다회로 우리 옷의 맵시와 마무리를 장식해 준 심영미 선생, 전통 신을 연구하고 복원해 온 황해봉 선생, 각종 관(冠)을 복원하고 재현하는데 열심인 김제권 선생 등 이루 다 언급할 수 없을 정도로 많은 분들의 도움이 있었습니

다. 또한 한국화가 권오창 선생은 그동안 중요 어진을 재현하신 분으로 이번에 복원 및 재현한 십이장복과 구장복의 십이장문을 직접 그려주셨습니다. 이 외에도 자수와 문양 등 여러분들의 노고가 함께 어우러져 2009년 『王의 服飾』이 완성되었습니다. 또 우리 문화에 대한 사랑으로 도올 김용옥 선생이 통서(通序)와 책의 제호(題號)를 써 주셨으니 그저 감사할 따름입니다. 내가 사랑하는 제자이자 오랜 세월을 함께 연구해 온 김미자 선생과 박성실 선생의 도움도 매우 컸습니다. 이렇게 많은 분들의 협조와 도움은 모두 자발적으로 이루어진 것이며, 이러한 나눔의 정신이야말로 우리 전통문화를 통해 우리가 이어가야 할 의미와 가치일 것입니다. 더욱이 우리문화를 보존하고 진흥하는데 최선의 노력을 다해 온 문화체육관광부에서는 장관께서 직접 추천의 말씀도 주시고 또 물심양면으로 도움을 주셨습니다. 이 책에 왕의 복식을 비롯한 우리 전통복식에 대한 그동안의 제 지식과 연구 내용들을 모두 담았습니다. 유물이 있는 것은 유물대로 복원했습니다. 또 문헌에는 기록되어 있으나 실물이 남아 있지 않은 것들은 최대한 재현했습니다. 이제 후학들과 후손들에게 우리 '왕의 옷'을 전할 수 있게 되었습니다. 더욱이 일습으로 복원하고 재현한 왕의 복식은 그 시대의 미의식과 기술력을 모두 담고 있는 것입니다. 왕의 옷을 그저 왕 한 사람의 옷으로 보지 말고, 그 시대의 사상과 기술 그리고 미의식을 경험하는 새로운 문(門)으로 바라보고 활용하기를 바랍니다. 누구라도 이 책을 보고 왕의 복식을 제대로 구현할 수 있을 것입니다. 그것이 저와 김혜순 선생을 비롯한 여러 분들이 오랫동안 공들여 이 책을 만들어온 뜻이기도 합니다. 마지막으로 이러한 여러분들의 뜻과 오랜 연구의 가치를 인정하고 출판을 결정해 준 출판사 꼬레알리즘의 대표님과 꼼꼼하게 기획을 맡아준 변청자 박사와 편집진들에게도 고마운 마음을 전합니다. 감사합니다.

The Study of Korean Costume History in Retrospect

Yoo, Hee-gyeong | Director of Clothing Culture Research Institute

It has been already a half century since I bonded with *hanbok*, or traditional Korean clothes. They caught my eyes and hands most often and most intensively among the many things given to me in my college days. When I decided to enter into this field, I thought it would be not so difficult because I myself had worn these clothes at ordinary times, but the happy period went by in a split second, only to be followed by harder ones. How many ethnic groups are there which have more than five thousand years of history and have preserved their own clothing life? This sense of pride has encouraged me to set out on the journey to explore the Korean costume history: first, from those of the near past, that is, the basic parts of the Korean costume, such as upper garment, skirt and trousers, respectively called in Korean, *jeogori*, *chima* and *baji*. After then, I came to have chances to come in contact with the remains of clothing and my research also extended to various kinds of clothes and important ceremonial dresses. And I was naturally led to the king's costume and completed my doctorial dissertation on '*myeonbok*', or the full dress for major rituals and ceremonies for a king or an emperor, in 1972 when there were few previous studies relating to it. Though the study may have some limitations, when looked back, I still believe it was the fruit of my young passion. In 1975, I published *The Study of Korean Costume History*, which was supplemented by subsequent research and revised as *The History of Korean Costume Culture* in 1981, giving a general survey of the cultural history of the Korean costume. Meanwhile, my students came to play a chief role in various positions in the field of traditional Korean costume. After retiring, I opened a clothing culture research institute in the building of Heungsadan in Daehak-ro, Seoul, because while working in excavating, recording, and restoring of the relics, I had been told many times that those who were making *hanbok* had not been able to find any proper places to study it except colleges. Though beginning with simple but serious intension to help those who wanted to know about our clothes, the center now has a history of 24 years. The first comers were Hye-soon Kim, the co-author of this book, and Mi-gwang Yoo, Korean traditional knotting artist. Our first step was to answer

practical questions such as ones about the origin or the variety of *hanbok*, but the breadth and width of research gradually increased, until many experts in almost all branches of *hanbok*, including embroidery, traditional knotting art, *husu*, official hats, dyeing, and weaving came and passionately participated in studying and co-working. These people are also playing a leading part in their own area. My warm gratitude goes to all of them.

　The late 1980s witnessed a significant increase in the interest and understanding of the traditional culture, which promoted more investigation and research on *hanbok*. In 1986, Hye-soon Kim and I restored the *gujangbok* for the first time in Korea and in the same year, I had an exhibition by restoring a great number of traditional Korean dresses including the king's costume as a cultural event for the 1986 Asian Games, which motivated me to draw together what I had found about the king's costume. Since then, twenty years have passed. Possibly, this book could have come out long before. However, now, about the time of the completion of the book, I felt once more that the intervening twenty years were not in vain. This is largely due to the two following reasons: first, we authors strongly intended that not only advanced researchers but also whoever has interest in *hanbok* will be able to refer to this book; and secondly, we restored all kinds of dresses worn by the Joseon kings and emperor, ranging from the full ceremonial robe to everyday wear. In particular, the latter would have been impossible without the pains and endeavors of Hye-soon Kim as well as many other devoted people, for the king's costume literally includes comprehensive garments and accessories. We would have been still unaware of the right forms and colors of the *husu*-no remnant of which exists today-, if it had not been for the twenty-years' effort of the late Soon-rye Jang who past away last year. I am deeply grateful to these countless artists for their unselfish kindness and help: Yeong-mi Sim who has embellished the traditional Korean clothes with the *dahoi*, Hae-bong Hwang who has studied and reproduced the traditional Korean shoes, Je-gwon Kim who has been dedicated to restoring and reproducing various kinds of the traditional

Korean crowns, and so forth. And Korean painting artist, O-chang Kwon who has painted many important portraits of Korean kings, drew himself the *sibijangmuns* of the *sibijangbok* and the *gujangbok* which were restored and represented in this project. *King's Costume* can be truly called the combined works of these individuals. And to our great appreciation, Doh-ol Young-oak Kim wrote the introduction and the book title in calligraphy for his ardent love of the Korean cultural heritage. Mi-ja Kim and Seong-sil Park who have worked with me for a long time, once as my most promising students and now as my fellow co-researchers, were also of magnificent help. I am also indebted to the Korean Ministry of Culture, Sports and Tourism which always makes every effort to preserve and promote Korean culture and generously provided support through the process of production, and in particular, the minister who wrote a recommendation for this book. All these cooperations, supports and encouragements were spontaneous and I truly believe this spirit of sharing is the very value and meaning that should be inherited and passed down though the traditional Korean culture. *King's Costume* contains all that I have researched and found out about the traditional Korean clothes including the Joseon king's costume. The ancient costumes were reconstructed one by one on the basis of their excavated remains, if there are any, and documents, if there are no relics. And finally, the king's costume can be passed down to our future researchers as well as to our next generations. The costume reconstructed entirely as it was reflects the sense of beauty and the craftsmanship at that time and I think it should be viewed and used as an opportunity to experience the thoughts, techniques and aesthetics of the period. By referring to this book, anyone could bring the king's costume to life. This is one of the ultimate aims of those who spent so much time and labor with Hye-soon Kim and me in order to produce this book. Lastly, my sincere thanks to the president and editorial members of Corealisme Co., Ltd. and Dr. Chung-ja Byun who recognized the genuine intention of these many people and the value of our long research and determined to publish this book.

왕의 복식의 역사적 전개

김 혜 순 | 藝丁 김혜순한복 대표

우리 옷 '한복'과 함께 한 세월이 26년이다. 그 기간 동안 많은 분들에게 가르침과 도움을 받아왔는데, 이 모든 인연은 나에게 우리 옷을 제대로 알고 만들어 더 많은 사람들이 멋스럽게 입도록 해야 한다는 소명의식으로 다가왔다. 그래서인지 시간이 흐를수록 옷을 만드는 일들이 더욱 더 어렵게만 느껴진다. 이러한 나에게 오랜 기간 큰 사랑으로 가르침을 주신 분이 바로 유희경 박사님이다. 유 박사님의 높은 학식과 인품에 대해 알고 있었던 나는 복식문화원을 준비하고 계시다는 말씀을 듣고 단박에 달려가 첫 번째 학생이 되었다. 유 박사님의 꼼꼼한 설명들이 『한국복식문화사』에 깨알 같은 글씨로 빼곡하게 적혀있다. 이 책을 볼 때마다 선생님의 잔잔한 가르침들이 떠오른다. 20여 년 전 박사님과 함께 처음으로 구장복을 복원하던 때가 엊그제 같다. 당시 창덕궁에 소장되어 있던 구장복 두 벌을 실측하고, 바느질 방법과 소재 및 직조 방법, 문양 등을 복원하였다. 그때의 떨리던 손길과 감회가 떠오른다. 이후 선생님께서는 '왕의 복식'을 잘 정리해서 후대에 전하는 것이 우리들이 해야 할 몫이라며 나를 비롯하여 여러 사람들을 재촉하셨다. 그때부터 왕의 복식과 관련한 유물에 대해 조사하고 또 여러 문헌과 기록들을 찾아 정리해왔다. 어느 정도 자료가 정리되자 선생님께서는 십이장복을 재현해야 한다고 하셨다. 기록은 남아 있지만 실물이 한 점도 남아 있지 않은 상황에서 때로는 제대로 진척되지 않아 다시 원점으로 돌아가기를 몇 번이나 했다. 그때마다 선생님께서 우리 옷은 중국에서 많은 것을 가져왔지만 중국의 것과는 다른 우리의 삶이 담겨 있다는 말로 격려하셨다. 그렇다. 옷이란 삶과 생활이다. 입을 수 있어야 하고, 입고 활동할 수 있어야 하며, 이러한 실용적인 면이 충족됨과 동시에 자신만의 색을 낼 수 있는 멋을 담아야 하는 것이다. 이러한 초심을 근간으로 다시 도전하여

조중묵 필, 태조어진(太祖御眞), 견본설채, 218x156cm
전주 경기전 소장, 보물 제931호.

조석진·채용신 필, 영조어진(英祖御眞), 견본설채, 203x83cm
국립고궁박물관 소장, 보물 제932호.

드디어 십이장복을 복원하게 되었다. 이 복원은 단지 옷을 만들어내는 것만으로 완성되지 않았다. 면류관을 비롯해서 패옥과 폐슬, 대대와 후수, 신발을 비롯한 각종 패용품 일체를 모두 갖췄을 때 드디어 '십이장복'으로 완성되었다. 이러한 '과정의 어려움'을 이미 예측하였기에 유 박사님은 모든 분야의 전문인들을 독려하여 이 일을 이루어내셨다. 나는 선생님 옆에서 이 과정들을 함께 진행해왔다. 특히 지난 3년간은 이전에 조사, 연구한 내용을 바탕으로 고증하고 실질적인 복원 작업에 박차를 가했다. 유물이 있는 것은 유물을 근거로 복원하고, 유물이 없는 것은 문헌과 기타 자료들을 근거로 재현했다. 앞으로 누가 다시 이런 일을 할 수 있을까 싶을 정도로 힘든 작업이었는데도, 힘든 내색 없이 20여 년간 이 일을 해 오신 선생님께 진심으로 감사와 존경의 마음을 전하며, 그동안 공부한 내용과 복원 및 재현에 참고한 사항들을 정리해 본다.

　동서고금을 통해 왕실 문화는 안으로는 귀족과 평민의 본보기가 되고 밖으로는 국가의 위상을 드러내는 것으로 한 나라를 대표하는 최상위의 문화로 인식되어 왔다. 이중 왕실의 장엄함과 위엄을 표현하는 대표적인 것 중의 하나가 바로 복식이다. 특히 왕의 복식은 왕실 문화의 집약적 성격을 담고 있으며 각종 의례(儀禮)와 함께 궁중 문화의 구심점에 위치한다고 할 수 있다. '왕'이란 한 나라를 통치하는 최고 지배 계급을 뜻하는 것으로 인류 역사상 지배와 피지배 관계가 형성된 부족국가의 성립과 함께 나타났다. 우리나라의 경우 고구려, 백제, 신라, 가야의 고분에서 금관이 여러 점 출토되었다. 금관의 존재는 그 시대에 왕의 복식이 있었다는 사실을 반증하는 증거라고 할 수 있다. 삼국과 고려를 거쳐 제도화된 왕의 복식은 유교적 가치체계에 의해 신분 질서를 엄격히 구분

익종어진(翼宗御眞), 견본설채, 147×44cm, 1826
국립고궁박물관 소장.

금관(金冠), 높이 27.5cm, 5~6세기
국립경주박물관 소장, 국보 제191호.

하고 의례와 절차를 중요시하던 조선사회에서 더욱 그 제도가 강화되었다.

조선에서 '복식'은 신분의 상하질서를 표현하며 계층의 구분을 표면화해주는 수단이었기 때문에 복식의 구별이 더욱 분명해질 수 있었다. 조선에서 왕의 복식에 관한 제도는 당시의 사회, 정치, 경제, 문화를 상징적으로 반영하고 있으므로 시기별로 법제화된 복식제도를 통해 시대상을 알 수 있는 귀중한 유산이다. 조선의 복식제도는 초기, 중기, 후기로 구분할 수 있다. 초기에는 고려의 복식제도를 그대로 계승하였는데, 이후 사회가 안정되면서 『경국대전(經國大典)』에서 복식제도를 정비하여 법제화하였다. 조선 중기에는 양란 등 큰 전쟁으로 인해 사회체제가 흔들리면서 엄격한 복식제도가 혼란을 겪으며 의복이 실용적이고 간소하게 변모하였다. 후기에는 실학의 영향을 받아 차츰 독자적 복식문화를 형성하기 시작했고, 대한제국 시기에는 독립국가의 위상에 맞게 의제(衣制)를 개혁하였다. 이때, 사회 전반으로 확산되던 평등사상으로 인해 신분에 따른 복식 차이가 점차 줄어들었고, 개화기 이후에는 전통복식과 외래복식이 공존, 융합하기에 이르렀다.

철종어진(哲宗御眞), 견본설채, 205×108㎝
국립고궁박물관 소장, 보물 제1492호.

왕의 복식에 관한 의제와 형태는 예전(禮典), 의궤(儀軌), 법전(法典)과 같은 문헌 자료를 통해 파악할 수 있다. 복식과 관련한 조선시대의 대표적인 예전으로는 『국조오례의(國朝五禮儀)』, 『국조속오례의(國朝續五禮儀)』, 『국조속오례의보(國朝續五禮儀補)』, 『국조상례보편(國朝喪禮補編)』이 있고, 대한제국 때 편찬한 『대한예전(大韓禮典)』이 있다. 먼저, 예전은 법전 편찬과 함께 제도화한 국가의례의 규범을 담고 있어 궁중복식 뿐 아니라 서민들의 의생활까지도 아우르는 조선의 복식제도 전반을 파악할 수 있는 자료이다. 또한 현전하는 각종 의궤류와 도해(圖解)를 수록한 궁

고종어진, 견본설채, 210×116cm, 국립고궁박물관 소장.

중 문헌들도 당시의 복식형태를 파악하는데 도움이 된다. 『국조오례의』는 오례(五禮 : 吉禮, 嘉禮, 賓禮, 軍禮, 凶禮)에 관하여 서술한 조선 초기의 예전으로 세종대에 서술을 시작하여 1474년(성종 5)에 완성되었다. 동일한 시기에 편찬한 경국대전에 법으로 규정한 당시의 의복 제도를 수록하였고, 국가 중요 의식과 그 절차를 보여주면서, 국가와 왕실, 왕과 신하와의 관계 등을 규정하였다. 특히 「가례」편에서는 왕실의 의례와 복식에 관해 자세히 설명하고 있다. 『국조오례의서례(國朝五禮儀序例)』에 의례를 위해 필요한 복식이나 기물들의 도해와 제작법을 실어 보완하였다. 1744년(영조 20)에는 『국조속오례의』를 편찬하여 『국조오례의』가 완성된 후 새로 추가되거나 변동·폐지된 의례를 정리했으며, 이와 관련된 참고사항과 도설은 『국조속오례의서례(國朝續五禮儀序例)』에 수록하였다. 여기서 누락된 내용들을 1751년(영조 27)에 『국조속오례의보』로 편찬하여 보충하였다. 1758년(영조 34)에 완성된 『국조상례보편』은 왕실 상례를 기록한 책으로 『국조오례의』의 상례를 수정, 보완한 것이다. 또 별도로 만든 한 권의 책에 왕의 상례복에 대한 도설을 담고 있다.

이전까지의 예전(禮典)이 중국의 사대국이라는 것에 바탕을 두고 쓴 것이라면, 『대한예전』은 과거의 불합리한 중국풍 예제(禮制)를 독립국가에 맞도록 고치고 명칭과 내용을 수정하여 황제국으로서의 의례를 기록한 책이다. 『국조오례의』의 왕·왕비·왕대비·왕세자라는 명칭을 이 책에서는 황제·황후·황태후·황태자로 고쳤고, 근정전을 태극전으로 변경하는 등 바뀐 것이 많다. 1권에 황제즉위의 등 즉위에 관계되는 의식이 수록되어 있고, 4권 「제복도설(祭服圖說)」에는 황제·황

후·황태자의 대례복인 면복에 관한 도해와 설명이 있으
며, 5권 「관복도설(冠服圖說)」에는 황제의 조복에 관한 내
용을 수록하였다. 『대한예전』은 기존의 예전에 비해 규모
가 크고 도설이 화려하여 황제국으로서의 면모를 보여주
기는 하지만 명나라의 예전인 『대명회전(大明會典)』을 참
고하여 만들었기 때문에 참된 의미의 독립국 예전이라고
하기에는 부족한 점이 있다고 할 수 있다. 또한 당시의 국
속화(國俗化)된 제도를 여실히 보여주지 않고, 설명과 도해
가 서로 맞지 않은 부분이 있는데, 당시에 실제 적용한 복
식제도를 『예복(禮服)』에 수록하여 보완하였다.

　다음으로 의궤류 중 하나인 『가례도감의궤(嘉禮都監儀
軌)』를 통해서도 왕의 복식을 살펴 볼 수 있다. 이것은 국
혼(國婚)의 절차를 기록한 책으로 왕실문화에 대해 잘 설
명하고 있다. 수록된 행렬도(行列圖)에서는 궁중혼속을 시
각적으로 살펴볼 수 있다. 또한 상의원(尙衣院)에서 옷을
만들어 진상한 내용까지 수록하고 있어 왕실에서 사용한
옷의 종류, 옷감의 내역까지 알 수 있다. 역대 『가례도감의
궤』와 『국혼정례(國婚定例)』, 『상방정례(尙方定例)』, 『궁중
발기(宮中撥記)』 등은 왕실의 혼인예식과 복식생활을 연구
함에 있어 중요한 자료이다. 『상방정례』는 1750년(영조
26)에 왕의 의복, 궁중 일용품과 보물을 관리하던 상의원
에서 편찬한 책이다. 주 내용은 궁중 복식에 관련한 것으
로 궁중의복의 옷감, 제작법, 염색법 등과 각종 진상품(進
上品)을 자세히 담고 있어 조선시대의 궁중복식제도를 연
구하는 데 참고가 된다. 이상과 같은 문헌들은 왕의 복식
에 대한 유물이 많이 남아 있지 않은 가운데 수행한 조사
연구에서 가뭄의 단비와도 같은 소중한 자료가 되었다.

　왕의 복식도 전반적인 전통 복식과 마찬가지로 시기마
다 차이가 있는데, 이번에 복원 및 재현한 것은 조선 후기

채용신 필, 고종어진, 견본설채, 137×70㎝
원광대학교박물관 소장.

의 것을 중심으로 고증하였으며, 황제의 십이장복은 대한제국 시기를 기준으로 하였다. 면복으로는 황제의 십이장복과 왕의 구장복, 조복으로는 통천관복, 상복으로는 익선관복, 융복으로는 흑립과 철릭, 구군복으로는 전립에 동달이와 전복, 평상복으로는 흑립과 주의 및 도포를 각각 복원 및 재현하였으며, 해당 유물과 『대한예전』을 근거로 고증하였다.

『王의 服飾』은 '왕의 복식' 전반을 두루 담은 최초의 연구서로서, 전반부에서는 책의 내용을 크게 아우르는 연구자들의 글을 실었고, 중반부에서는 면복, 조복, 상복, 융복, 구군복과 평상복으로 세분하여 각각에 해당하는 이미지를 사진으로 수록하고 관련 문헌의 내용과 특징을 분석적으로 기술(記述)하였으며, 후반부에는 착장법, 도식화와 문헌 및 참고사항들을 게재하였다. 그 중 특히 복원 및 재현의 근간이 된 『대한예전』은 원문을 그대로 수록하여 참고할 수 있게 하였다. 유물과 문헌자료를 근거로 하더라도 현존하지 않는 왕의 복식을 연구하는 것이 어려운 일인만큼 오차를 줄이기 위해 최대한의 노력을 기울였으나, 놓친 부분이나 부족한 점이 있다면 그것을 간과하지 않고 앞으로의 연구에서 보완하여 나아갈 예정이다.

이번 『王의 服飾』의 출간은 유 박사님을 비롯하여 각 분야 전문가들의 20여 년 아니 그 이상의 세월이 담긴 성과를 집대성한 것이다. 이 책이 완성되기까지의 모든 과정들이 여기에서 그치지 않고 복식을 포함한 전통문화의 복원과 재현에 새로운 계기가 되어 다양한 논의와 연구의 단초가 되기를 기대한다.

위 익선관복을 입고 있는 고종과 순종, 1890.
가운데 황룡포를 입고 있는 순종의 모습, 1910.
아래 십이장복을 착용한 순종의 모습.

Historical Development of the King's Costume

Kim, Hye-soon | Founder and President of Yejeong Kim Hye-soon Hanbok

I have been with *hanbok* for twenty-six years. During those years, I have received countless teachings and helps from so many people, which nurtured in me a sense of duty that I should understand and produce the traditional Korean costume more accurately and properly so that people would be able to enjoy wearing them more. Possibly for the very reason, it seems that I have found it more and more difficult to make clothes. So I must express my gratitude to Dr. Yoo Hee-gyeong for her long and affectionate teaching. Because I had already known about her high scholarship and character, when I heard that she was going to establish a clothing culture center, I rushed up to her immediately and became her first student. *The History of Korean Costume Culture* written by her was full of elaborate explanations in fine letters. Whenever I saw this book, I am reminded of the teacher's gentle instructions. It seems as if it had been just a few days ago that Dr. Yoo and I restored the *gujangbok* for the first time in Korea, almost twenty years ago. For this, we measured the two pieces of *gujangboks* owned by the Changdeok Palace in Seoul and tried to find out and imitate their fabrics, embroidery symbols, sewing and weaving methods. I can still vividly remember our trembling hands and deep impression at that time. Since then, Dr. Yoo has urged me and many other people that it is our obligation to put together and pass down what are all about the 'king's costume' to the next generation. This was why I began to investigate the remains and records relating to the costume. By the time when a considerable amount of the materials was collected, she suggested that the *sibijangbok* should be restored. However, in this time, since the dress was mentioned only in literature and had left no remains, the restoration process was in no way smooth and went back to the starting point over and over again. Each time we were disappointed, she encouraged us saying that, though traditional Korean clothing introduced many things from China, it contains the Korean people's lives different from those of China. Yes, it is right. Clothes are both life and living. They should satisfy the practical needs that they are wearable and comfortable for movement on the one hand

and on the other, they also have their own distinctive beauty and sense of aesthetics. This fundamental belief ultimately led us to the completion of the *sibijangbok*. In the case of this special ceremonial dress for an emperor, it was required to restore not only garments but also various elaborate accessories such as *myeollyugwan*, *daedae* and *husu*, *paeok*, *pyeseul*, and shoes. In view of these difficulties, Dr. Yoo had made a team composed of many experts in all the related fields and guided them all through the process. Having had a front-row seat to all these, I had an honor of assisting her. The last three years were entirely dedicated to historical research based on the data gathered previously and to actual production. The garments and accessories were reconstructed depending on their excavated remains, but some of them relying only on materials and records for the absence of the remains. It was so hard work that I became wonder who would be able to do this again, but Dr. Yoo had done it for more than twenty years without showing any sign of tiredness. I would like to express my sincere appreciation and respect for her. The followings are what I have researched and referred to for reconstruction.

In all times and spaces, the royal court culture has been considered as the highest culture representing a country. It was the example to nobles and commoners and emphasized the national prestige. The clothing is one of the elements that show the solemnity and dignity of this court culture. In particular, the king's costume is its quintessence and situated in the very center of it along with all kinds of rituals and ceremonies. The 'king' means a sovereign with supreme power, the apex of the ruling class, and appeared with the advent of the ancient tribal states where the relationship between the ruling and the ruled was formed for the first time in human history. In Korea, many pieces of golden crowns were excavated in the ancient tombs of Goguryeo, Baekje, Silla and Gaya. The existence of the crowns can be said to suggest that there was the king's costume in those days though it left no remains. The king's costume was institutionalized first during the Korean Three Kingdoms period and then, in a more rigorous way in the Joseon society where there was a rigid class distinction founded on the confucian values and much importance attached to rituals and formalities.

In the Joseon dynasty, the 'clothing' was divided more cleary and finely since it was a means to indicate the hierarchy of social positions and maintain the division among classes. The system of Joseon clothing at each period is a symbolic reflection of the society, politics, economy, and culture at that time and thereby, a very important patrimony to make us imagine what those days were like. It can be classified into three periods: the early, middle, and late periods. In the early period, the Joseon clothing system directly succeeded to that of Goryeo, but as the society stabilized over time, it was generally revised to be regulated by the laws prescribed in *Gyeongguk Daejeon* or *Grand Code for State Administration*. The middle period witnessed social unrest caused by two wars, which not only undermined the rigid system but also made the costume in general become more practical and simpler. Finally, in the late period, the individual clothing culture gradually began to be formed under the influence of Silhak, or Joseon practical philosophy. The clothing system was reformed to accord with the status of an independent state in the Daehan Empire and the distinctive differences in attire among social positions were increasingly reduced due to the thought of equality, which was spreading to the society at large. In the early modernization period in Korea, traditional and foreign costumes coexisted and merged with each other.

The system and shapes of the Korean king's costume were mentioned in the literary records such as the *yejeon*(codes of rites), the *uigwe*(official records of court events), and *beopjeon*(codes of laws). The representative *yejeons* relating to the costume are *Gukjo Oryeui, Gukjo Sok Oryeui, Gukjo Sok Oryeuibo*, and *Gukjo Sangrye Bopyeon*, and *Daehan Yejeon* complied in the Daehan Empire. First, these codes of rites include important information about the general clothing system ranging from the court costume commoner's clothes in that they explained the major national rites which had been institutionalized through the codification process. The various kinds of existing *uigwes* and other royal books with illustrations are also helpful in understanding the clothing habits of those times. *Gukjo Oryeui* is the code of 'orye', that is, the five rites of ancestral sacrifice, wedding, receiving envoys, military honors and funeral, which began to be compiled under the reign of King Sejong the Great and was published in 1474(the 5th year of King Seongjong's reign). The book recorded the apparel system regulated by *Gyeongguk Daejeon* which had been edited in the same period, explained the major national rituals and their procedures, and defined the relationship between the state and royal house, and between a king and his servants. In particular, the 'rite of wedding' part offers detailed explanations of the court rituals and costumes, which is supplemented by its procedure section with the illustrations and

manufacturing methods of the garments, vessels or utensils for the ceremonies. In order to add the new rituals, revise the changed ones, and eliminate the abolished ones after the completion of *Gukjo Oryeui*, *Gukjo Sok Oryeui* was complied in 1744(the 20th year of King Yeongjo's reign) with *Gukjo Sok Oryeui Seorye* for the references and illustrations. Its revised and enlarged edition was *Gukjo Sok Oryeuibo* in 1751(the 27th year of King Yeongjo's reign). And *Gukjo Sangrye Bopyeon*, completed in 1758(the 34th year of King Yeongjo's reign), dealt specially with court funerals by revising and improving the 'rite of funeral' part in *Gukjo Oryeui*, with a separate appendix for the illustrations of the king's funeral costume.

On the other hand, if the above-mentioned codes of rites had founded on the influence of China, *Daehan Yejeon* published in the period of the Daehan Empire modified the past unreasonable Chinese-oriented rituals including their names and contents so that they would be appropriate to the prestige of an independent empire. For example, the name of the main hall of Gyeongbokgung palace had been Geunjeongjeon in *Gukjo Oryeui* but was changed to Taegeukjeon in the new code of rites and the titles such as king, queen, and queen dowager were replaced with those like emperor, empress, and empress dowager. The first volume mentioned the enthronement ceremonies including that of an emperor, the fourth, entitled 'Illustration of *Jebok*', contained explanatory diagrams of the *myeonbok* of emperor, empress and crown prince, and the fifth, entitled 'Illustration of *Gwanbok*', covered the emperor's *jobok*. Due to its splendid illustrations and large scale unlike previous codes of rituals, *Daehan Yejeon*'s magnificent appearance was indeed like that of an empire's, but it still left something to be desired because it partially followed *Daiming Huidian*, or *Comprehensive Code of the Ming Dynasty*. This is why it failed to faithfully convey the national customs of those days as they were and some illustrations and explanations did not match. To solve this problem, *Yebok* introduced the clothes actually worn by people at that time.

The documents titled *Garye Dogam Uigwe* also provide much information about the king's costume. They recorded the procedure of each royal marriage, thereby giving detailed accounts of the royal culture: the paintings of the marriage procession tell us the customs and practices concerning the royal marriage, and the descriptions of the dresses offered by Sanguiwon, or the government office in charge of the king's costume, royal treasures and daily necessaries, show what kinds of garments and fabrics were used in the royal court. So, the regular records such as *Garye Dogam Uigwe*, *Gukhon Jeongrye*, and *Gungjung Balgi* are important materials in studying the royal wedding ceremony and the royal clothing. Besides, *Sangbang Jeongrye*, a book about the royal costume complied by Sanguiwon in 1750(the 26th year of King Yeongjo's reign), elucidated the fabrics, dyeing methods, and arts of making of royal dresses as well as various tributes. These were the most valuable materials to the researchers including me who had to struggle with only a few remains of the king's clothes.

Like other traditional Korean dresses, the king's costumes differed in each period. The one reconstructed and restored in this time was based on that of the late Joseon dynasty, and the emperor's *sibijangbok* on that of the Daehan Empire. The list of the clothes reconstructed is as follows: the emperor's *sibijangbok* and the king's *gujangbok* as the *myeonbok*, *tongcheongwanbok* as the *jobok*, *ikseongwanbok* as the *sangbok*, *heukrip* and *cheolik* as the *yungbok*, *jeonrip*, *dongdari* and *jeonbok* as the *gugunbok*, and *heukrip*, *juui* and *dopo* as the *pyeongsangbok*. The major historical references for the reconstruction were the excavated remains and *Daehan Yejeon*.

King's Costume is composed of six parts: *myeonbok*, *jobok*, *sangbok*, *yungbok*, *gugunbok*, and *pyeongsangbok*. Each part includes the pictures of each attire, related literary materials and the attire's special features in the first half and in the latter half, illustrations and documents. Particularly, we inserted the original texts of *Daehan Yejeon*, the most important reference, so as to be available to anyone who needs them. Since it is very difficult to research the non-existent king's costume only with the remains and literature, we made every effort to decrease errors. However, there still can be something deficient or weak, which will be improved by our incessant study in the future. *King's Costume* is the outcome of over twenty years' labor of many experts in various fields such as Dr. Yoo. We hope this will be able to promote not only the reconstruction and representation of the traditional Korean culture including clothing but also further and deeper discussions and studies relating to it.

왕의 복식 연구에 있어서 미적 가치와
사회문화적 의미의 상관성

변 청 자 | 미술학 박사 (문화사회학 · 미술비평)

　전통문화에 대한 관심과 연구, 그 중에서도 왕의 복식에 대한 연구는 앞으로 더욱 다양하게 수행될 것이다. 이 지점에서 우리는 왕의 복식 연구의 방향과 그 지향점에 관해 먼저 생각해 보고자 한다. 모든 학문은 인간의 보편적인 삶과의 연관 속에서 진행된다. 과거에 대한 연구는 현재의 삶을 반추하기 위함이며, 현재에 대한 관심은 미래에 대한 포석 놓기이다. 그런 의미에서 학문은 '지금 여기'라는 시공간 안에서의 의미 재생산 활동이며, 왕의 복식에 대한 연구 역시 21세기 한국이라는 시공간 속에서 어떤 가치와 의미가 있는가라는 문제로 귀결시킬 수 있다. 이때 가장 먼저 떠오르는 궁금증은 21세기 한국사회에는 왕(King)이 없는데, 왜 왕의 복식(King's costume)을 탐구해야 하는가 하는 점이다. 다른 하나는 왕의 복식에 대한 연구가 주로 조선시대로 국한된다는 점이다. 첫 번째와 관련하여, 그것이 우리의 전통문화이니 연구해야 한다는 견해는 설득력이 약하다. 다만 이 짧은 글에서 그것을 결정할 수도 없으며, 또 어떤 면에서는 왕의 복식에 대한 연구가 진행되는 매 순간 재고해야 할 근본적 물음이라는 문제제기로 갈음하고자 한다. 두 번째와 관련해서는 여러 가지를 생각할 수 있는데, 우선 실제적인 연구 대상인 유물의 존재 여부 때문이라고 할 수 있다. 그러나 이 대답은 좀 궁색하다. 왜냐하면 왕의 복식은 면복, 조복, 상복, 융복, 구군복, 평상복 등으로 구성되는데, 이 중 면복으로는 십이장복은 없고 구장복만 남아있으며, 그나마도 의(衣)와 중단만 두 벌이 있을 뿐 일습(一襲)으로 남아 있지 않다. 상복인 곤룡포 역시 남아있는 수가 많지 않아 다각적인 비교 연구를 할 수 있는 상황이 아니다. 조복이나 융복, 구군복도 기록으로만 남아 있을 뿐 유물이 없어서 문무백관의 것을 통해 유추할 수 있을 뿐이다. 문헌이나 그림과 같은 기록, 그 외의 자료를 통해 보완해야 한다는 점에서는 더더욱 조선시대로 국한할 필요가 없다. 게다가 남아있는 유물이 조선 말기와 대한제국 시기의 것이므로 조선시대라고 할 경우, 엄밀하게는 부분이 전체를 대변하는 오류에 빠질 수 있다. 따라서 왜 조선시대인가라는 물음이야 말로 유물을 근거로 하는 연구와 함께 왕의 복식 연구의 또 다른 주제(Theme)가 될 수 있을 것이다.

　'왕은 이러이러한 복식을 착용한다.'와 같은 명시(明示)적 언명은 그 배후에 다른 사람은 입을 수 없다는 배제(排除)의 논리를 담고 있다. 즉 왕이 입어서 왕의 옷이 되는 것이 아니라 그것을 입음으로써 왕이 된다. 여기에서 우리는 왕의 복식이 하나의 상징(symbol)으로 사용된다는 것을 확인할 수 있다. 상징이란 도

상(icon) 및 지표(index)와 더불어 기호(sign)의 일종이다. 기호란 인간이 자신의 생각을 표현하거나 다른 사람의 생각을 읽어내는 의미 작용과 이를 통해 서로의 의사를 전달하는 소통(communication)의 수단이다. 스위스의 언어학자인 소쉬르(Ferdinand de Saussure, 1857~1913)는 기호를 기표(signifier)와 기의(signified)로 구분하면서 기표는 표시하는 것, 기의는 표시되는 것이라고 하였다. 기의가 없는 기표는 아무런 의미도 없으며, 그 스스로는 어떠한 것도 될 수 없다. 반면에 기의는 기표를 통해 드러날 뿐 그 자체로 파악될 수는 없다. 다시 말해서 기호는 기표와 기의가 합쳐져 있기에 항상 어떤 것으로서의 의미를 갖는다. 이것을 왕의 복식 연구에 적용해 보면, '왕'과 '복식'이라는 두 가지 주제어로 도출할 수 있는데, 전자가 기의라면, 후자는 기표에 해당할 것이다. 즉 왕의 복식이란 왕이라는 '기의'와 형태와 문양을 갖춘 복식이라는 '기표'가 결합하여 생성된 하나의 '기호(sign)'이다. 왕의 복식은 기의인 사회문화적 의미가 기표인 미적 형식을 형성하며, 형성된 기표를 통해 기호로서의 가치를 지닌다. 따라서 왕의 복식의 미적 가치는 기표 분석을 통해 파악할 수 있으며, 사회문화적 의미는 기의 분석을 통해 고찰할 수 있다.

　기표가 되는 왕의 복식의 형식적 특징은 이 책 전반에서 소개하고 있으므로, 이 글에서는 생략하겠다. 다음으로 기의인 '왕'에 관해 살펴보자. 여기서 왕은 인격적 주체라기보다 주체를 상징적으로 드러낸 하나의 의미(意味)이다. 왕은 역사적으로 부족국가의 성립과 함께 나타났다. 이것은 왕이 역사적 흐름 속에서 사회적 합의에 의해 형성된 사회적 존재라는 것을 뜻한다. 초기에는 집단체제를 이루었으나 점차 '1인 단일체계'로 전환되었으며, 이러한 역사적 흐름 속에서 왕의 복식이라는 특수성이 형성되었다. 그것은 '차이(difference)', 즉 구별체계로서 드러난다. 기표에 해당하는 '복식'은 옷과 장신구라는 사물, 즉 개별대상이다. 이것은 특정한 재료와 기법을 사용하여 하나의 형식(形式)으로 구체화된다. 왕의 옷과 패용품 역시 '복식'이라는 점에서 그것을 입는 왕의 개인/개별적인 취향에 따라 개인 양식(style)으로 정립될 수 있었다. 그럼에도 '왕의 복식'이라는 특정한 형식으로 규정되어 온 것은 왕의 복식의 기의인 사회문화적 의미가 기표인 복식의 미적 가치를 형성하고 있다는 것을 시사한다. 다시 말해서 기의인 사회문화적 의미는 '왕의 복식'의 충분조건이 아니라 필요조건이다. 기의인 왕이 '왕'의 복식이라는 특수성을 형성한다면 기표인 복식은 왕의 '복식'이라는 일반성을 도출시키는 근거가 된다. 그러므로 왕의 복식에 대한 연구는 왕이라는

의미론적 측면과 복식이라는 물리적 특성이라는 두 측면에서 진행되어야 한다.

　왕의 복식은 '입고 싶은 옷'이라기보다 '입어야 하는 옷'이다. 그것은 왕 개인의 취향이 아니라 그렇게 입도록 강요하는 사회적 규범이다. 이러한 설명은 자칫 개인'의 취향과 사회적 규범 사이에 대립적 인식을 형성할 우려가 있다. 이와 관련해서 프랑스의 사회학자 피에르 부르디외(Pierre Bourdieu, 1930~2002)는 자신의 저서인 『구별짓기(Distinction)』에 '문화와 취향의 사회학'이라는 부제를 달았다. 그는 취향에 대한 사회적 비판과 함께 계급 취향과 생활양식을 논하면서 '취향은 주관적'이라는 생각은 일견 타당하면서도 하나의 편견이라고 지적한다. 17세기에 미학이 철학으로부터 독립한 이래 '미'를 감성학으로 분류하면서 미의 주관성이 강조되어 왔다. 어떤 사물의 미적 가치란 각 개인들의 취향에 의해 결정된다는 기존의 입장을 부정할 수는 없다하더라도 시대나 지역마다 공통점을 지니고 있는 것 또한 사실이다. 따라서 복식의 미적 가치란 개인의 취향과 사회적 취향이 교차하는 지점에서 판명되어야 할 것이다.

　예술과 대중문화를 사회학적으로 분석한 미국의 사회학자 다이아나 크레인(Diana Crane)은 『패션의 문화와 사회사』라는 저술을 통해 복식이 사회적 정체성을 형성하는데 중요한 역할을 한다고 말한다. 그렇다면 복식이 갖는 의의는 어떻게 형성될까? 그것은 아마 옷을 만드는 사람과 옷을 입는 사람, 그리고 그것을 바라보는 사람이라는 세 주체(主體)의 시선(視線)과 그들 간의 관계(關係)에 의해 형성된다고 할 것이다. 이러한 생각에 이어지는 또 하나의 질문은 이들 세 주체의 행위를 구성하는 요소는 무엇인가 하는 점이다. 심리적이거나 인식론적 측면을 비롯한 무수히 많은 요소들이 작용하겠지만 그 중 세 주체 모두에게 중요하게 요구되는 것을 정리해 보면 형태와 소재, 색채와 문양, 기술과 제도로 축약할 수 있다. 형태와 소재가 복식의 물리적 측면을 구성한다면, 색채와 문양은 의식적 측면을, 기술과 제도는 사회적 측면을 담지 한다.

　복식의 의미를 형성하는 이들 세 요소 중에서 물리적 특성과 의식적 측면이 반영되어 나타나는 것이 미적 가치이며, 사회적 요소들에 의해 정립되는 것이 바로 사회문화적 의미이다. 일반적인 복식은 물리적 특성과 의식적 가치를 통해 사회문화적 의미를 형성한다. 이와 달리 왕의 복식은 사회문화적 의미에 의해 물리적 특성과 의식적 가치를 구현한다. 따라서 왕의 복식에 대한 연구는 일반적인 복식을 연구하는 방법과는 그 궤를 달리해야 한다. 왕의 복식의 의미를 그것이 통용되었던 시대로 한정하지 않고 지금 이 시대로까지 확산하기 위해서는 지금까지의 객관적 분석에 의한 연구의 축적 위에서 새로운 방향으로의 전환이 절실히 요구된다. 왕이 입었다는 과거의 사실에 근거하는 결과론적 입장이 아니라 왕이 입어야 하는 옷이라는 사회적 강제 속에서 형성되어 왔다는 점은 유물 부족의 한계를 넘어 왕의 복식에 대한 연구의 지평을 넓힐 수 있는 가능성을 제시한다.

The Correlation between the Aesthetic Value and the Socio-cultural Meaning in the Study of the King's Costume

Byun, Chung-ja | I Ph. D. in Fine Art (Cultural Sociology, Art Criticism)

The study of the Korean king's costume will be conducted more and more in the future with the increasing interest in and the researches into traditional Korean culture. Therefore, it needs to be considered what direction the study ought to be headed in and what it pursues ultimately. All academic disciplines grow in the relation with human life in general. To investigate the past is to ruminate on the present life and the concern about the present is to make preparations for the future. Learning is an activity of reproducing meaning within the space and time called 'here and now.' In this sense, the study of the king's costume should begin with the problem of what value and meaning it has in the historical and spatial context of the 21th century Korea. Then, the first two questions raised regarding it would be these: why should the Korean king's costume be an object of academic inquiry though there is no king in the modern Korean society, and why is the research of it mostly confined to the period of the Joseon dynasty? With respect to the first question, the argument that it is qualified as such because it belongs to traditional Korean culture is rather unconvincing. Possibly in some respect, the complete answer is beyond the scope of this short article. Or rather, it would be far better to say that the issue itself should remain as the fundamental question that will be ever present in the mind of those who study the king's costume. As for the second question, the most probable answer is that there are the excavated remains in case of the Joseon kings' clothes, as the actual object of research. Nevertheless, this also sounds rather as a lame excuse. The king's costume is composed of *myeonbok*, *jobok*, *sangbok*, *yungbok*, *gugunbok*, and *pyeongsangbok*. Among the two kinds of king's *myeonbok*, *sibijangbok* and *gujangbok*, we have only the latter and that not a whole suit but only two pieces of *ui* and *jungdan* of it. The king's *sangbok* is also difficult to be analyzed in a multilateral, comparative

way, because we had a few pieces of *gollyongpo*. *Jobok*, *yungbok* and *gugunbok* exist only in literature and left no remains and thus, can be conjectured from those of Joseon governmental officers. Furthermore, if the research is primarily based on such materials as records and paintings, it is needless to put focus on the Joseon dynasty, and if the existing remains are, for the most part, those of the periods of the later Joseon and the Daehan Empire, the research inevitably comes to have a limitation of inferring the whole out of a part. Consequently, the question of "why the Joseon era?" as well as the study founded on the unearthed relics could be another themes in the study of the king's costume.

The explicit declaration that 'a king wears this or that costume' implicitly implies the logic of exclusion that no other man is allowed to put on it. In other words, it is not that the king's costume becomes such because a king wears it, but that a man becomes a king by wearing it. Here, it is obvious that the king's costume is used as a symbol. The symbol is a kind of sign, along with the icon and the index. The sign is a means of signification with which humans express their ideas and understand others' and of communication where they share or exchange their thoughts. According to Swiss linguist Ferdiand de Saussure(1857~1913), a sign is composed of the signifier and the signified. A signifier without a signified has no meaning and cannot be anything by itself, while a signified is known only through a signifier and cannot be perceived in itself. Thus, it is only as a combination of a signifier and a signified that a sign is meaningful. Similarly, the king's costume is a 'sign' which is made by combining a 'signified', that is, 'king', and a 'signified', that is, 'costume' with certain shapes and symbols. The costume's signified, or the socio-cultural meaning builds up it's signifier, or the aesthetic form, which, in turn, gives the costume as the value as a sign. Consequently, in the case of this special symbol called the king's costume, the analysis of the signifier will reveal its aesthetic value, and the examination of the signified its socio-cultural meaning.

The king's costume allows approaches from two thematic words, 'king' and 'costume.' If the former corresponds to the signifier, the latter to the signified. Let us first inquire into 'king,' the signified of this costume. The term here is not a personified subject but a meaning which symbolically represents a subject. From a historical point of view, the king emerged with tribal states, which implies that it is a social being constituted by social agreement in the historical process. The shift from the collective system to a strong central monarchy provided the particularity for the king's costume, which was embodied as 'difference', that is, a differentiation system. 'Costume' as a signifier is individual objects such as clothes and accessories, which come to take a concrete form through particular materials and techniques. Of course, kings' dresses may be dominated by the wearers' personal/individual taste in that they are a kind of clothing, and therefore it is possible to discuss personal styles relating to them. Nevertheless, the fact that they have been regarded to belong to a historically special form suggests that in this unique case of the costume, the signified, or the socio-cultural meaning, has offered the aesthetic value of the signifier, or the clothing. Accordingly, the former is not a sufficient but a necessary condition for the 'king' s costume.' If the signifier, or 'king', forms a particularity of the costume of 'king', the signifier, or 'costume', becomes the ground to take the generality of the 'costume' of king. In this way, the study of the king's costume can be advanced both from the semiotic aspect of 'king' and from physical aspect of 'clothing'.

Besides, this costume is the clothes that the wearer 'should' wear, not one that he 'want to'. It is not an output of an individual king's taste but of a social norm. But this explanation would lead to the misunderstanding that there is an

oppositional relation between personal tastes and social norms. Here, it is suggestive to note that French sociologist Pierre Bourdieu(1930~2002) gave the subtitle, "A Social Critique of the Judgment of Taste," to his *Distinction*. In his discussion of class tastes and life-styles, he argues that the idea that "taste is subjective" is nothing but a prejudice. It has been emphasized that beauty is subjective, since aesthetics, the science of 'beauty,' was separated from philosophy. Though it is impossible to entirely dismiss the old view that the aesthetic value is determined by each individual's taste, it is also true that there is something common in what is regarded beautiful in a period of time or a certain region. Thus, the aesthetic value of clothing must be judged in the point where individual and social tastes cross.

In her *Fashion and Its Social Agendas*, American sociologist Diana Crane, who made a sociological analysis of art and popular culture, says that clothing has an important role in constructing one's social identity. Then, in what way is the significance of clothing formed? It is probably created not only by the eyes of the three subjects who makes, wears, and looks at clothes but also by the relation among them. This brings about another question about what elements make up the activities of these three subjects. Though countless factors including psychological or epistemological aspects would influence them, what are commonly essential to the all three are shape and material, color and symbol, and technique and system. If shape and material comprise the physical part of clothing, color and symbol the conscious part, and technique and system the social part.

Among these three elements of the significance of clothing, the physical and conscious aspects are associated with the aesthetic value and the social with the socio-cultural meaning. The ordinary clothing creates the socio-cultural meaning through the physical features and conscious values. The king's costume, on the other hand, realizes the latter through the former. Consequently, the costume should be investigated in a way different from other kinds of clothes. In order to extend the significance of the king's costume to this present time, not to confine it to the period when it was relevant, the future study should take a turn in a new direction from the previous one founded on objective analysis. The fact that this costume was formed by the social compulsion that forced Korean kings to wear it, not a phenomenological approach based on the past fact that they wore it, would provide a possibility of widening the arena of the study of the king's costume despite the paucity of the excavated remains.

왼쪽에서부터 유희경, 김미자, 김혜순.

우리 옷의 부위별 명칭

▶ 포 *Po*, overcoat

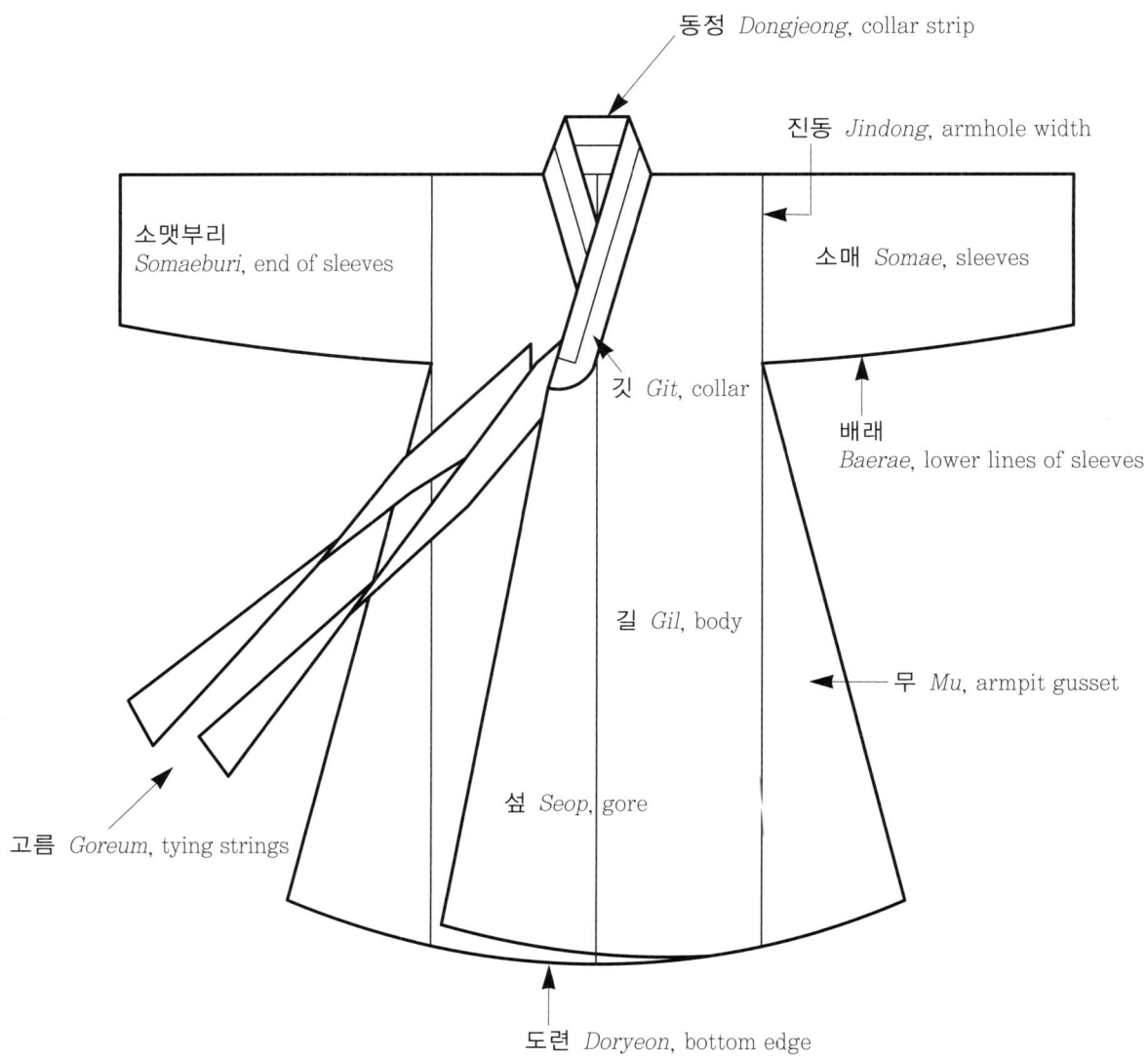

동정 *Dongjeong*, collar strip

진동 *Jindong*, armhole width

소맷부리
Somaeburi, end of sleeves

소매 *Somae*, sleeves

깃 *Git*, collar

배래
Baerae, lower lines of sleeves

길 *Gil*, body

무 *Mu*, armpit gusset

섶 *Seop*, gore

고름 *Goreum*, tying strings

도련 *Doryeon*, bottom edge

▶ **저고리** *Jeogori*, upper garment

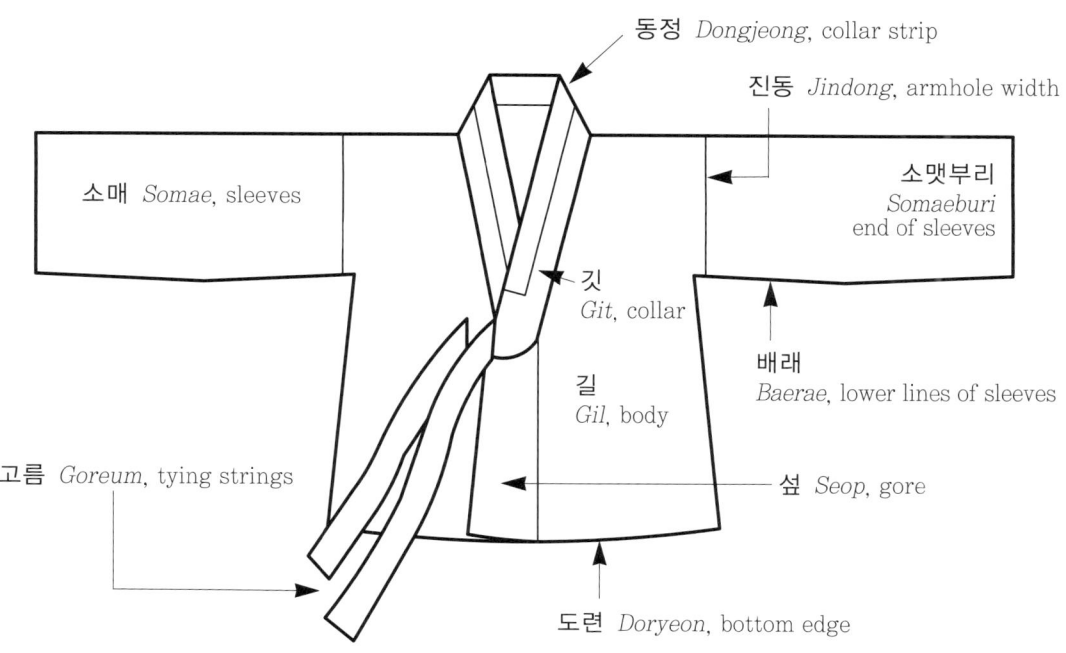

동정 *Dongjeong*, collar strip

진동 *Jindong*, armhole width

소매 *Somae*, sleeves

소맷부리
Somaeburi
end of sleeves

깃
Git, collar

길
Gil, body

배래
Baerae, lower lines of sleeves

고름 *Goreum*, tying strings

섶 *Seop*, gore

도련 *Doryeon*, bottom edge

▶ **바지** *Baji*, trousers

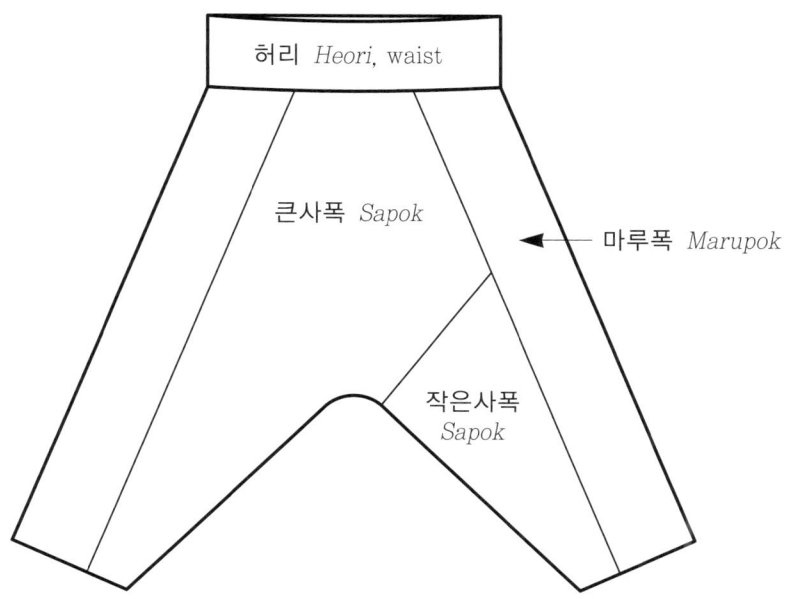

허리 *Heori*, waist

큰사폭 *Sapok*

마루폭 *Marupok*

작은사폭
Sapok

In the Joseon dynasty and Daehan Empire, the king's and emperor's costumes are divided into six groups depending on their purposes: *jebok*, *jobok*, *sangbok*, *yungbok*, *gugunbok* and *pyeongsangbok*. Their *jebok* is called *myeonbok*, which is mainly composed of *myeollyugwan*(crown) and *ui*(overcoat), and has two kinds, *sibijangbok* and *gujangbok*, according to the wear's royal title; their *jobok* has also two kinds, *tongcheongwanbok* featured by *gangsapo*(overcoat) and *tongcheongwan*(crown), and *wonyugwanbok*, featured by *gangsapo* and *wonyugwan*(crown); their *sangbok* is named *ikseongwanbok*, consisting of *gollyongpo*(robe) and *ikseongwan*(crown); their *yungbok* is composed of *heukrip*(hat) and *cheolik*(overcoat); and their *gugunbok* is made up of *jeonrip*(hat) and *dongdari* and *jeonbok*(overcoat). As *pyeongsangbok*, they wore *sangtugwan*(crown), *juui* and *dopo*(overcoat), similar to those of scholar officials.

	관(冠) Crown	복(服) Dress
면 복 Full ceremonial dress	면류관 Beads string crown	의 Overcoat
조 복 Formal dress	통천관 · 원유관 Tongcheon crown, Wonyu crown	강사포 Overcoat
상 복 Ordinary business dress	익선관 Ikseon crown	곤룡포 Dragon robe
융 복 Wartime business dress	흑 립 Black hat	철 릭 Overcoat
구군복 Military uniform	전 립 Military hat	동달이와 전복 In-between coat and overcoat
평상복 Non-official wear	흑 립 Black hat	주의 · 도포 Overcoat

王의 服飾

왕의 복식은 용도에 따라 제복(祭服), 조복(朝服), 상복(常服), 융복(戎服), 구군복(具軍服), 평상복(平常服)으로 구분하는데, 머리에 쓰는 관을 기준으로 다른 이름을 사용하기도 한다. 제복은 면복이라고 하는데 면복은 의(衣)와 면류관으로 구성되며 황제는 십이장복, 왕은 구장복을 착용한다. 이들은 의복의 형태와 구조는 같으나 장식하는 문양의 수와 면류관에 늘이는 유(旒)의 수 등에서 차이를 보인다. 조복은 통천관복, 원유관복이라고 하며 강사포를 입고 통천관이나 원유관을 쓴다. 통천관은 천자가 착용하는 관으로 우리나라에서는 고종 황제가 착용하였다. 상복은 익선관복을 말하는데, 곤룡포를 입고 익선관을 쓴다. 황제는 황룡포, 왕은 홍룡포, 왕세자는 흑룡포를 입었고, 용보(龍補)를 달았다고 하여 용포(龍袍)라고도 한다. 융복은 흑립과 철릭으로 구성되며, 구군복은 전립을 쓰고 동달이와 전복을 입는다. 평상복은 사대부의 평상복과 유사하며 종류가 다양하다.

Myeonbok, the king's or emperor's *jebok*, is a full dress for major rituals and ceremonies. It was put on when a king received congratulations from all governmental officials, performed a religious rite to the Heaven and Earth, *Jongmyo*(the royal ancestral shine) and *Sajik*(the guardian deities of the State), gave a sacrificial ritual on the first and fifth days of every month, in the morning of *Wondan*(New Year's Day) and on *Dongji*(the winter solstice), and had the wedding ceremony. This full dress includes a crown, *myeollyugwan* and other garments and accessories: *ui*(衣), *sang*(裳), *jungdan*(中單), *jungchimak*(中致莫), *paeok*(佩玉), *pyeseul*(蔽膝), *daedae*(大帶), *husu*(後綬), *okdae*(玉帶), *gyu*(圭), *mal*(襪), and *seok*(舃). An emperor wore *sibijangbok*, or the full dress with twelve symbols, and *sibiryumyeon*, or the ceremonial crown with twelve strings of jade beads; a king and an emperor's crown prince the *gujangbok*, or a full dress with nine symbols, and the *guryumyeon*, or a ceremonial crown with nine strings of jade beads; a king's crown prince the *chiljangbok*, a full dress with seven symbols, and the *palryumyeon*, a ceremonial crown with eight strings of jade beads; and the eldest grandson of a king the *ojangbok*, or a full dress with five symbols, and the *chilryumyeon*, or a ceremonial crown with seven strings of jade beads.

황제 Emperor	왕·황태자 King & Emperor's crown prince	왕세자 King's crown prince	왕세손 Eldest grandson of a king
십이류면 Twelve beads string crown	구류면 Nine beads string crown	팔류면 Eight beads string crown	칠류면 Seven beads string crown
십이장복 Twelve symbol dress	구장복 Nine symbol dress	칠장복 Seven symbol dress	오장복 Five symbol dress

면복은 제왕(帝王)의 제복이자 법복으로, 면류관(冕旒冠)과 의(衣)를 아울러 이르는 말
이다. 고대 중국에서는 기원전에 황제가 제도화하여 이것으로 귀천의 등급을 표시하였으
며, 십이장문으로 면복을 장식한 것은 순제(舜帝) 시기이다. 이것이 제복으로 완성되어
전형적인 한족(漢族)의 관복(冠服)이 된 것은 후한(後漢) 때이고, 주변 민족들이 면복을
제왕의 관복으로 인식한 것은 당(唐)나라 이후이며, 중국 북방의 번방왕(藩邦王)들이 면
복을 착용한 것은 오대(五代)에 이르러서이다. 우리나라에서는 1043년(고려 정종 9)에
거란주가 면복을 보내와 착용했다는 기록이 있다. 인종(仁宗)·의종(毅宗) 때 중국의 면
복을 참고하여 제도를 정하였으며, 1371년(공민왕 19)에는 명(明)으로부터 사여받았다.
조선 초기에는 중국에서 사여받았으나 인조 이후에는 국내에서 제작하여 착용하였다고
한다. 면복은 국왕의 '조근봉사지복(朝覲奉祀之服)'으로 조정에서 신하들로부터 하례 받
을 때, 천지(天地)·종묘(宗廟)·사직(社稷)에 제사지낼 때, 음력 초하루와 보름날[朔
望]·설날 아침[正朝 : 원단]과 동지(冬至)에 참예(參詣)할 때, 수책(受冊)이나 왕비를 맞
이하는 납비(納妃) 예식에 착용하였다. 면류관과 의, 상(裳), 중단(中單), 중치막(中致莫),
폐슬(蔽膝), 패옥(佩玉), 대대(大帶), 후수(後綬), 옥대(玉帶), 말(襪), 석(舃), 규(圭), 방심
곡령(方心曲領)으로 구성된다. 황제는 십이장복에 십이류면을, 왕과 황태자는 구장복에
구류면을, 왕세자는 칠장복에 팔류면을, 왕세손은 오장복에 칠류면을 착용하였다.

십이장복 十二章服
Sibijangbok, twelve symbol dress

- 면류관 冕旒冠 *Myeollyugwan*
- 의 衣 *Ui*
- 상 裳 *Sang*
- 중단 中單 *Jungdan*
- 폐슬 蔽膝 *Pyeseul*
- 패옥 佩玉 *Paeok*
- 대대 大帶 *Daedae*
- 후수 後綬 *Husu*
- 옥대 玉帶 *Okdae*
- 말 襪 *Mal*
- 석 舃 *Seok*
- 규 圭 *Gyu*
- 방심곡령 方心曲領
  Bangsim-gokryeong

십이류면

十二旒冕 *Sibiryumyeon*, twelve beads string crown

면류관(冕旒冠)은 국가 제사나 즉위 때 제왕이 면복을 입고 머리에 쓰는 관으로, 예모 중에서 가장 존엄한 것이다. 면관은 원래 중국 한족(漢族)의 전통적인 관모의 일종으로 하(夏)에서는 '수(收)', 은(殷)에서는 '후(冔)', 주(周)에서는 '면(冕)'이라 하였으며, 후한(後漢) 무렵에 지금의 형태를 이루었다. 면류관은 모부(帽部)인 관신(冠身)과 덮개인 천판(天板), 그리고 복판 앞뒤에 늘어뜨린 유(旒)로 구성되는데, 관신의 앞이 뒤보다 한 치[1寸] 정도 숙여지는 것을 가리켜 '면(冕)하다' 하여 면관이라 칭했다. 모부는 원통형의 원광오사모(圓匡烏紗帽)이며, 여기에 관모를 고정시키기 위한 잠도(簪導)를 꽂고 양 옆에는 청광충이(靑纊充耳)와 자주색 끈[紫組]을 늘어뜨렸다. 관 위에는 장방형의 평평한 천판[平天板]을 얹고, 천판 앞뒤에 주옥을 꿴 '유'를 드리운다. 천판의 겉은 현색(玄色), 안은 붉은색[朱色]으로 하며 앞은 둥글고 뒤는 반듯하게 모난 형태로, 복판(覆版)이라고도 한다. 신분에 따라 천판 앞에 늘어뜨리는 유의 수가 다르다. 황제의 십이류면에는 7가지 색 옥구슬[七彩玉珠]을 꿴 12류를 복판 앞뒤에 각각 달고, 왕의 구류면에는 오채옥주 9류를, 왕세자와 왕세손이 착용하는 팔류면과 칠류면에는 3가지 색의 옥구슬 유를 꿴다.

우리나라에서 면류관에 대한 기록이나 착용한 예는 고려시대에 나타나는데, 고려 의종조의 『상정고금례(詳定古今禮)』에서는 왕의 면류관은 적 · 백 · 창(蒼) 3색을 엇바꾸어 꿴 9류 12옥이라 하였고, 공민왕 때에는 중국으로부터 받은 청주구류면관(靑珠九旒冕冠)을 사용했다고 한다. 조선 초기의 면류관에 대해서는 『국조오례의서례(國朝五禮儀序例)』에 잘 나타나 있으며, 대한제국의 것에 관해서는 1897년(고종 34)에 편찬된 『대한예전(大韓禮典)』에 수록되어 있다. 그 외

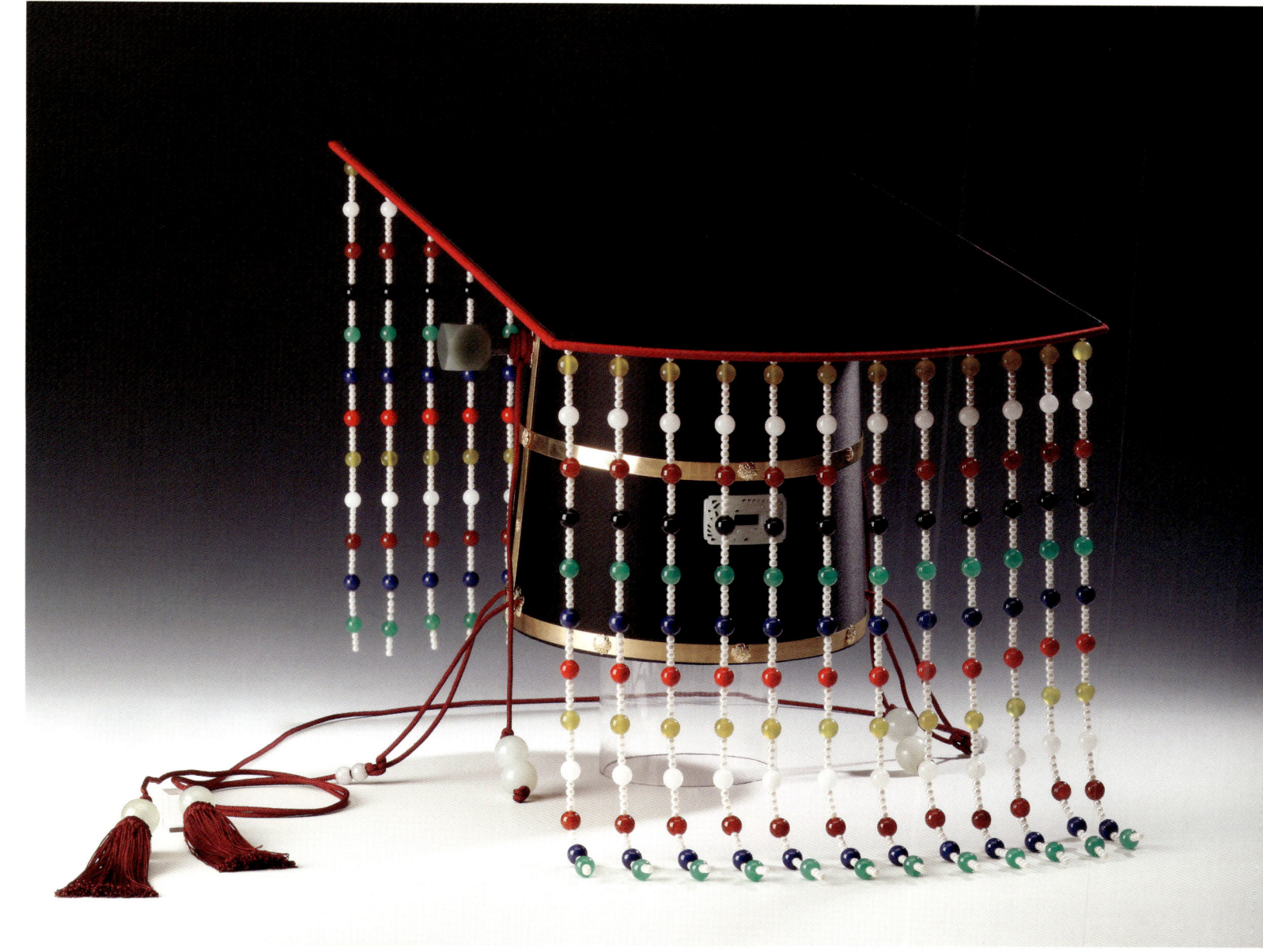

1395년(태조 4)에 신묘에서 제향을 올릴 때와 세종 즉위년인 1419년에 왕대비의 존호를 올릴 때에 왕이 면류관을 썼다는 기록이 있다. 십이류면을 처음 착용한 것은 고종이 황제위에 오르던 1897년(광무 원년)이다. 현재 유물은 남아 있지 않고 순종이 착용한 모습을 담은 사진(34쪽 그림 참조)으로만 확인할 수 있다. 십이류면에 대한 기록은 『대한예전』에 수록되어 있는데, 이 책은 1897년 고종이 국호를 대한이라 칭하고 황제위에 올라 연호를 광무(光武)라 개정하면서 황제국의 예법과 예복에 관한 내용을 담아 사례소(史禮所)에서 편찬한 것이다. 중국의 『대명회전(大明會典)』을 참고하여 총 10권으로 구성하였으며, 그 중 권4 「제복도설(祭服圖說)」에는 면복에 관한 설명과 도해가 수록되어 있다. 앞에서 언급한 순종의 사진과 『대한예전』을 근거로 복원한 십이류면은 뒤가 앞보다 1치 높은 전면후앙(前俛後仰)이며, 검은 비단으로 싼 둥근 원통형 관신에 장방형의 천판을 드리웠다. 천판의 크기와 관련하여 『대한예전』에 의하면 '長二尺四寸廣二尺二寸'으로 거의 정사각형을 이루어야 하나, 도해와 남아있는 사진에는 장방형이다. 또한 『국조오례의서례』에서는 '長一尺六寸廣八寸'으로 장방형이라 하였으며, 명나라의 면류관 역시 '長二尺四寸廣一尺二寸'의 장방형인 것으로 보아 아마도 『대한예전』에서 오기(誤記)하였을 것으로 추정하여 장방형으로 재현하였다.

천판은 앞이 살짝 둥글고 뒤는 모난 전원후방(前圓後方)의 형태이며 겉에는 검은 색, 안에는 붉은 색 비단을 대었고 앞과 뒤에 각각 12줄의 유를 늘어뜨렸다. 매 유마다 12개의 옥구슬을 꿰었는데, 황·적·청·백·흑·홍·록(黃赤靑白黑紅綠)의 7가지 색을 차례로 꿰었고 1류의 길이는 12치이며, 앞뒤 24류로 총 288옥이다. 관부에는 상중하단에 각 1줄씩 총 3줄의 금식(金飾)을 둘렀으며 정면에는 용문양이 새겨진 규각형의 산술(山述)을 장식하였다. 또한 관부에는 관을 고정하기 위한 옥잠도(玉簪導)를 꽂았고, 면판의 양 옆에는 조영(組纓)이 있으며 옥주(玉珠) 2개를 연결한 귀막이(청광충이)를 늘어뜨리고 자주색 끈 둘을 양옆으로 길게 내려 턱 밑에서 매어 늘어뜨릴 수 있도록 하였다.

The *sibiryumyeon*, a variety of *myeollyugwan*, is a ceremonial crown with twelve strings of jade beads, worn with *myeonbok*. On the cylinder-shaped hat is put a silk-wrapped rectangular board with round front and flat rear, from the front and rear of which strings of jade beads hang down. The term '*myeon*' implies that the board tilts 2.3cm toward the front and '*ryu*' that the strings dangle from the crown. The emperor's *sibiryumyeon* has twelve strings of jade beads of seven different colors(yellow, red, blue, white, black, crimson and green); the king's *guryumyeon* nine strings of jade beads of five different colors(blue, crimson, yellow, black and white); and the king's crown prince's *chilryumyeon* or *palryumyeon* respectively seven or eight strings of jade beads of three different colors.

잠도(簪導)는 관모를 고정하기 위해 옆으로 꽂는 비녀를 말한다. 이익의 『성호사설』(星湖僿說)에 의하면 '잠'은 '세운다[建]'는 뜻으로 머리털을 관(冠) 안에 세우는 것이며, '도'는 귀밑털을 거두어 견책 속으로 넣는 것이라 하여 서로 별개의 것이었으나 후세에 와서 편의를 위해 같이 쓰면서 '잠도'라 했다고 한다.
면류관을 비롯하여 통천관, 원유관 및 양관 등에 사용하였는데, 재료로는 무소의 뿔이나 옥, 나무를 주로 썼다. 문헌이나 유물을 참고하여 황제의 것은 옥으로, 왕의 것은 금으로 만들었다.

의

衣 *Ui*, overcoat

십이장복은 12가지 문양[十二章紋]으로 장식한 옷이라는 뜻에서 이름 지어졌으며, 이들 장문은 각 신분에서 갖추어야 할 덕목을 의미한다. 황제가 착용하는 십이장복에는 일(日)·월(月)·성신(星辰)·산(山)·용(龍)·화(火)·화충(華蟲)·종이(宗彝)·조(藻)·분미(粉米)·보(黼)·불(黻)의 12가지의 문양을, 9장복에는 12장문 중 일·월·성신을 제외한 9가지의 문양을, 7장복에는 9장문 중 산과 용을 제외한 7가지의 문양을, 5장복에는 9장문 중 산·용·화·화충을 제외한 5가지의 문양을 새겨 이를 통해 신분을 나타내었다. 윗옷[上衣]에 해당하는 '의(衣)'에는 황제 6장, 왕과 황태자 5장을, 아래옷[下衣]에 해당하는 '상(裳)'에는 황제 6장, 왕과 황태자 4장을 그리도록 하였으며, 이로써 황제의 면복으로는 십이장복을, 왕과 황태자의 면복은 구장복을 사용하도록 하였다.

'의'는 십이장복의 가장 상징적인 복식으로 왕이 입는 포(袍)라는 의미이며, 현색(玄色)으로 만들어 '현의(玄衣)'라고도 한다. '玄'은 '검다, 오묘하다, 심오하다, 신묘하다, 깊다, 하늘, 검은 빛'이라는 뜻으로 '천지현황(天地玄黃)'과 같이 깊이를 알 수 없는 하늘의 심연을 설명할 때나 '현묘(玄妙)'와 같이 이치나 기예의 경지가 헤아릴 수 없이 미묘함을 나타낼 때 쓴다. 현의는 얇고 투명한 검은 사(紗)로 만들어 안에 받쳐 입은 여러 겹의 옷색이 설핏설핏 비치는 검은 빛이어서 한 가지로 형형하기 어려운 깊은 멋을 낸다. 남아 있는 '의' 유물은 현재 국립중앙박물관에서 소장하고 있는 2벌의 구장복으로, 민무늬의 순인갑사(중요민속자료 제66호)와 용문양이 직성된 용문갑사로 만들었으며, 크기가 거의 같고 옷감의 해진 상태도 비슷한 것으로 보아 동일 인물의 것으로 추정할 수 있다.

　우리나라에서 십이장복을 착용한 것은 고종황제 이후인데, 유물이 남아있지 않아 순종황제의 사진과 『대한예전』, 그리고 앞의 구장복 유물을 근거로 복원하였다. '의'는 홑옷으로, 검은색 순인갑사(純仁甲紗)로 제작하였다. 치수는 현존하는 구장복을 근거로 하였는데, 길이는 115cm로 입었을 때 '상'의 끝단이 보이는 정도이며, 품은 46cm이고 길은 아래로 갈수록 넓어진다. 깃은 바탕과 같은 천으로 붙였는데 깃 너비가 10.5cm이며, 동정은 폭 4.5cm에 백피 한지를 안에 넣고 소색명주로 싸서 달았다. 직배래에 소매 너비가 65.5cm로 통이 넓은 광수(廣袖)이며, 소매 길이는 상의 육장문을 가리지 않아야 한다고 하였다. 무는 길에 붙여 마름질하였고 트임이 없으며, 도련과 소맷부리에 같은 천으로 폭 8.5cm의 선(襈)을 대었다. 양 겨드랑이에 같은 천으로 너비 16cm, 길이 18.5cm의 곁바대를 대었으며, 대대를 끼울 수 있는 고리와 묶는 끈을 달았다. 고름은 너비 7cm에 길이는 82, 83cm이다. 면복 유물에서는 특이하게도 육안으로 바늘땀을 파악

할 수 없었는데, 이와 같은 특성을 구현하기 위해 다른 실을 쓰지 않고 제 옷감의 올을 뽑아 바느질하였다. 십이장복의 '의'에는 일·월·성신·산·용·화충의 6장문을 그려 넣었는데, 『대한예전』에는 "의에 장문을 직성한다(衣玄色凡織六章)."고 되어 있으나, 현존하는 면복 유물에는 손으로 직접 그려 넣었기에 이것을 근거로 그렸다. 일월은 둥글고 흰 원 형상으로 양 어깨에 배치하였으며 성신과 산은 등에, 용과 화충은 양 소매의 뒷면에 세로로 길게 그려 넣었다.

The *ui*, a variety of *po*(袍), or an overcoat, is the most representative garment of the *sibijangbok* − a ceremonial dress decorated with the *sibijangmun*, the symbols of the Twelve Virtues of the Emperor. This long overcoat was called *hyeonui* because it was usually *hyeon* (black) color. Made of a single layer of thin, translucent cloth, the *ui* has no slits and widens toward the end. It has a straight collar, a white collar strip, tying strings, and wide sleeves with rectilinear lower lines. The emperor's exclusive six symbols adorned this overcoat: *il* and *wol* symbols on the shoulder, *seongsin* and *san* on the back, *yong* and *hwachung* on the backs of the sleeves.

십이장문
十二章紋　*Sibijangmun*, the emperor's twelve symbols

십이장문은 면복에 시문하는 열두 가지의 문양(紋樣)을 말한다. 중국의 『상서(尙書)』에 의하면 요순시대에 이미 제정되었는데, 이때에는 하나의 타부(taboo)로서 일반적으로 금기(禁忌)시 되었다. 이후 특정한 사람이나 때에 사용한다는 의미에서 점차 신성시되고 장식화하면서 고정된 문양으로 정립하였다. 이후 주(周)를 거쳐 후한(後漢) 명제(明帝) 때에 제복의 문양으로 정식 채용되었다. 십이장문은 주로 자연과 동물에서 모티브를 구했으며 독특한 모양을 지니는데, 각각의 문장은 특별한 의미를 가지면서 왕이 갖추어야 할 덕목을 상징한다. 장문의 종류에 관하여 『후한서(後漢書)』「여복지(興服志)」에서는 "일·월·성신·산·용·화충·조·화·분·미·보·불"이라 하였고, 『수서(隨書)』「여복지」에서는 "일·월·성신·산·용·화충·화·종이·조·분미·보·불"로 표기하였다. 전자와 달리 후자에서는 '종이'를 하나의 장문으로 삽입하고, '분'과 '미'를 '분미'로 합하여 하나로 취하였다. 이때 정립된 십이장문이 수(隋)·당(唐)을 거치면서 후대의 정식 십이장문으로 자리매김하였다. 우리나라에서는 『대한예전』에 십이장문에 대한 기록이 있는데, 12개의 장문 중 일·월·성신·산·용·화충의 여섯 가지는 '의'에 그리고 나머지 여섯 가지는 '상'에 수놓는다고 하였다. 또한 이들 열 두 장문 중에서 '일·월·성신'의 세 장문은 황제를 상징하는 표시로서 면복 중에서도 십이장복에만 시문(施紋)하였다.

구분	면복	日	月	星辰	山	龍	火	華虫	宗彝	藻	粉米	黼	黻
황제	십이장복	O	O	O	O	O	O	O	O	O	O	O	O
왕 황태자	구장복				O	O	O	O	O	O	O	O	O
왕세자	칠장복						O	O	O	O	O	O	O
왕세손	오장복								O	O	O	O	O

The *sibijangmun* means a set of the symbols of the Twelve Virtues of the Emperor, embroidered on *myeonbok*. The emperor's *sibijangbok* has the twelve symbols of *il*, *wol*, *san*, *yong*, *hwa*, *hwachung*, *jongyi*, *jo*, *bunmi*, *bo*, and *bul*; the king's *gujangbok* the nine with the exclusion of the three, such as *il*, *wol*, and *seongsin* from the *sibijangmun*; king's crown prince's *chiljangbok* the seven with the exclusion of two, such as *san* and *yong*, from the *gujangmun*; and his eldest grandson's *ojangbok* the five with the exclusion of four, such as *san*, *yong*, *hwa* and *hwachung* from the *gujangmun*.

일·월문 日·月紋 Il and Wol Symbols

'일·월(日·月)'은 다음에 설명할 '성신'과 함께 천체(天體)를 뜻하는데 경천사상(敬天思想)과 음양설(陰陽說)에 그 유래를 두고 있다. 두 글자 모두 사물의 형상을 본 떠 만든 상형문자로 각각 해와 달을 상징한다. '일'은 태양의 모양을 본 떠 원형(圓形)으로 표시하고 '월'은 글자의 모양이 활시위를 당긴 것과 같은 현상(弦狀)을 띠므로 초생달을 본뜬 모양이었는데, 한대 이후 둘을 모두 둥근 원륜(圓倫)으로 표현하였다. 이때 둘을 구분하기 위해 원륜 안에 특정한 도상(圖像)을 삽입하였다. 일과 월에 대하여 『후한서』 「천문지(天文志)」에서는 '일'은 양의 정기[陽精]가 쌓여 발이 셋 달린 까마귀가 되고, '월'은 음의 정기[陰精]가 쌓여 발이 넷 달린 토끼가 된다고 하였다. 후한시대에는 일문으로 주색(朱色) 원형 안에 검은색 까마귀를 그렸고, 월문으로는 녹색 원형 안에 남녹색의 두꺼비나 토끼를 그려 넣었다. 일문에 새를 넣은 것은 새가 하늘을 날 듯 해가 하늘에서 운행한다는 것을 비유적으로 나타낸 것이며, 해의 운행 방향(동→서)을 오행의 운행법으로 드러낸 것이다. 또한 동양에서는 해를 삼족오(三足烏)로 형상화하는데, 삼족오는 태양 안에 산다는 세 발 달린 상상의 까마귀로 일문을 뜻하는 원 안에 그려 일상(日象)의 조광(照光)을 상징하며, 황금색의 금조(金烏) 또는 준오(踆烏)라고도 한다. 삼족오에 관한 기록은 『초사(楚辭)』나 『산해경(山海經)』에서 볼 수 있으며, 해는 태양의 정이요 임금의 상징이라 했다. 달과 두꺼비에 얽힌 일화는 선녀였던 항아가, 남편 후예가 서왕모에게서 받은 불사약을 훔쳐 먹고 달로 도망가 두꺼비[蟾蜍]로 변해 월정(月精)이 되었다는 '월궁항아(月宮姮娥)' 이야기에서 유래하였다. 달 속의 토끼[兔]나 두꺼비는 불로불사(不老不死)를 의미한다. 「오경통의(五經通儀)」에서는 달은 음인데 두꺼비는 양이기 때문에 달에 금두꺼비를 그린다고 하였고, 토끼와 같이 그리는 것은 음이 양에 속하는 것, 즉 달은 태양의 영향을 받아 비로소 광채를 내기 때문에

월이 일을 따르는 것이라는 의미에서 그린다고 하였다. 일월
문은 쌍영총이나 사신총과 같이 사신도(四神圖)를 주제로 한
고구려 고분벽화에 많이 나타난다. 각저총의 일월상문은 팔
각형의 궁륭식 천장에 그렸는데 동쪽에는 일상, 서쪽에는 월
상을 배치하였다. 또 북두칠성을 비롯한 7개 성좌가 그 사이
에 펼쳐졌고, 여백에는 덩굴 모양의 구름무늬[怪雲文]를 꽉
차게 그렸다. 원래 도교에서 비롯된 일월문은 점차 불교미술
에 영향을 미쳤으며, 조선 후기에는 민간설화를 통해 다양한
이야기로 전해졌다. 그 외 일월문을 통치자의 상징으로 표현
한 것이 〈일월오악도(日月五岳圖)〉이다. 이것은 임금이 앉는
자리 뒤에 놓아 국왕의 존재와 권위를 상징하는 것으로 조선
시대의 독특한 형식이다. 다섯 봉우리의 산·파도·소나무,
그리고 이것을 배경으로 좌우대칭이 되게 떠 있는 해와 달로
구성된다. 이러한 도상들은 임금이 통치하는 삼라만상과 영
원한 생명력을 상징한다. 붉은 것은 해, 흰 것은 달로 이 둘
을 동시에 그려 낮과 밤의 근원을 나타낸다. 다섯 개의 봉우
리는 우주의 조화를 상징한다. 일·월을 옷에 시문할 때에는
도상의 성질상 의복 앞자락 위에 하되 일을 오른쪽, 월을 왼
쪽에 표시하였다. 면복 '의'에도 일문을 오른쪽 어깨에, 월
문을 왼쪽 어깨에 시문하며, 양 어깨에 배치된 일월은 하늘
의 해와 달로서 천지만물의 운행을 상징한다.

Il and *wol* means sun and moon. The symbols of sun and moon,
along with that of star, represent a heavenly body. The two
symbols have circular shapes, while the sun symbol includes a
samjoko (a legendary crow with three legs) and the moon a toad
and a rabbit in the center. In ancient Asian cultures, the ruler
was called *cheonhwang* (the emperor of the heaven) or
cheonja (the son of the heaven) because they were believed to
reign over the heaven and earth and govern the sun and moon.
Accordingly, *il-wol* symbols not only imply the absolute
authority, but also function as a powerful means to express it.

The *ui* of the *sibijangbok* has an *il* symbol on the right shoulder and a *wol* symbol on the left shoulder, both of which are expressed as big, white circles.

성신문 星辰紋 *Seongsin Symbol*

성신의 성(星)은 금·목·수·화·토(金木水火土)의 오위(五緯)로 이동을 뜻하고, 신(辰)은 해와 달이 모이는 십이전차(十二躔次)를 말한다. 제왕은 백성에게 해가 뜨는 것[早]과 지는 것[晩]을 알려주고 백성은 이로써 절기를 파악하게 되니, 일·월·성신을 모두 일러 삼신(三辰)이라 하고, 각각 낮·밤·하늘의 운행으로, 곧 시간을 뜻한다. 따라서 성신은 일·월과 함께 천체를 뜻한다.

성신은 요순시대에 이미 형상화되었으며, 그 형태는 북극성 또는 북두칠성과 삼각형을 이루는 삼성(三星), 즉 직녀성을 표시한다. 한대의 효당산 석실 화상(畵像)이나 쌍영총 벽화에서도 이러한 성신문을 볼 수 있는데, 달에 북두칠성, 해에 직녀성을 잇대고 있으니 북두칠성은 왼쪽, 직녀성은 오른쪽에 자리하고 있다. 일월성신은 밝게 비쳐서 무사하게 하라는 뜻이며, 중국 송대(宋代)의 『삼례도(三禮圖)』에 소개된 면복에서는 두 개의 성신문을 함께 나타냈다. 왼쪽에 있는 것이 북두칠성이고 오른쪽에 삼각형을 이루어 잇댄 삼성(三星)이 직녀성(織女星)이다. 북두칠성의 남두(南斗)는 생(生)을, 북두는 사(死)를 맡아 제초의 북극성을 천추(天樞)로서 신봉했다. 십이장복에 대해 기록하고 있는 『대한예전』에는 성신문을 산문 위에 다섯 개의 둥근 원으로 표시하고 있다. 별을 둥근 원의 형태로 묘사한 것은 고구려 고분벽화에서도 나타난다. 이들 성신문은 면복 뿐 아니라 황제를 상징하는 기[旌旗]에도 그렸다.

The word *seongsin* means stars, made up of two Chinese characters: *seong*(星) and *sin*(辰). The former designates the circulation of the five elements of metal, wood, water, fire, and earth (which are respectively associated with the five major planets of Venus, Jupiter, Mercury, Mars, and Saturn) and the latter the twelve courses of stars where the sun and moon gather (which reflects the ancient Korean people's wish that stars could move safely under the bright light of sun and moon). A *seongsin* symbol, as a set of five small circles above a *san* symbol, could be used only in the emperor's *sibijangbok*, strictly speaking, on the back of the *ui*. It also decorated the emperor's flag.

산문 山紋 *San Symbol*

일 · 월 · 성신이 하늘이라는 천도(天道)의 운행을 나타낸다면 산은 땅, 용은 물, 즉 산하(山河)로서 지상세계의 운행을 의미한다. 산문은 삼각의 산형을 의복에 담아 불변하는 모습을 통해 패왕(覇王)의 의미를 부여한다. 고대 중국부터 조선시대에 이르기까지 면복의 십이장문 중의 하나로 사용된 산문은 용문과 함께 왕의 위엄과 권위를 상징한다. 산은 반대하는 세력이나 기세를 억눌러 안정되게 한다는 뜻의 '진정(鎭定)'을 표시하는 주술적 의미와, 구름을 토해 비와 이슬로 만물에 혜택을 주고 하늘과 맞닿아 신(神)과 접하는 존재임을 드러낸다. 『주례(周禮)』 「고공기(考工記)」에서는 산은 '章(글장)', '獐(노루 장)'으로 그 뜻을 나타낸다고 하였다. 용형(龍形)과 함께 의복에 그렸다고 하는데, 산을 장(獐), 즉 녹형(鹿形)으로 나타냈다. 『상서』에서는 "장(노루)은 산짐승으로 산을 그리는 데 함께 그리고, 용(龍)은 수물(水物)이니 물을 그리는 데 함께 그린다." 하였다. 한대에 와서는 십이장문의 산을 산

악(山嶽)의 형태로 표현하였는데, 움직이지 않는[不動] 산의 속성을 통해 천자가 갖추어야 할 덕목으로서의 진정성을 나타낸다. 또한 높이 우러러 본다는 점에서 숭배의 대상이라는 점을 상징하였다. 이러한 표현은 왕을 상징하는 〈일월오악도〉의 오악과 같은 의미라고 할 수 있다.

San means mountain. A mountain implies the movement of the earth, or the world on the ground. Since it is associated with immobility or imperturbability, a *san* symbol represents 'authenticity', the virtue required of the ruler. Besides, the symbol also stands for the dignity and authority of a sovereign in that a mountain, in contact with the heaven, sends forth clouds to make rain and dew and thereby, confers a benefit on all things under the sun. A *san* symbol on the *ui* of *myeonbok* emphasized that its wearer was the object of adoration.

용문 龍紋 *Yong Symbol*

용은 상상의 동물로 천자와 황후를 상징한다. 전한시대 유안이 저술한 『회남자(淮南子)』에서는 "만물우모린개개조어용(萬物牛毛鱗介皆組於龍)"이라 하여 깃 있는 조류, 털 달린 짐승, 비늘 있는 어류, 겉껍질이 있는 모든 동물의 조상이 용이라고 하였다. 후한의 허신(許愼)이 편찬한 『설문해자(說文解字)』에는 "용은 비늘 달린 동물[鱗蟲] 중에서 가장 길고, 어두움[暗]과 밝음[明]에 능하며, 가늘기도 하고 크기도 한데 능히 짧을 수도 있고 길 수도 있으며, 춘분에는 등천하고 추분에는 잠연(潛淵)하니 이와 같은 무궁한 조화를 지녀 이름이 높다."고 하였다. 용은 비를 다스리는 치민(治民)을 의미하며 사신도(四神圖)에서는 동쪽 방위의 수호신으로 국왕이나 성인(聖人) 출현의 암시와 같은 상징적 의미를 지닌다. 용문은 이

러한 상징성으로 인해 하나의 중요 문양으로 자리매김하였
다. 중국 상고시대인 하·은·주의 청동기 도철문에서는 도
식화된 기룡문(虁龍紋)으로 표현하였으나 한대(漢代) 이후 점
차 움직임이 있는 활동적인 형태로 표현하였다.

우리나라의 경우 고구려 매산리(梅山里) 고분 주실 벽화와
백제의 반룡문전(蟠龍紋塼)에서 그 형태를 볼 수 있어 오랜
전통을 지닌 것임을 알 수 있다. 조선시대에는 왕실 이외에
일반에서는 사용이 금지되었다. 면복 십이장문의 용문 도상
은 곤룡의(袞龍衣)를 뜻하는 수식(獸式) 고립문으로 주로 나
타난다. '의'에서는 산은 산형으로 등에, 용은 용형으로 십
이장복의 양소매나 구장복의 좌우 양어깨에 하나씩 사생적
인 문양으로 표시하였다. 쌍용문(雙龍紋)과 단용문(單龍紋)이
있는데 사용하는 사람의 지위에 따라 발톱 수를 달리했다.
황제는 오조(爪), 왕은 사조룡 문양을 사용한다.

Yong means dragon, an imaginary animal. Because a
dragon symbolizes an emperor and empress, it was
forbidden to use this symbol except for the royal family in
the Joseon dynasty. *Yong* symbols are divided into two
kinds, *ssangyong* (two dragons) and *danyong* (a dragon).
The number of dragon toes a also differ according to the
wearer's royal title: an emperor used the symbol of an
ojoryong, a five-toed dragon, a king and an emperor's
crown prince an *sajoryong*, a four-toed dragon, and a
king's crown prince a *samjoryong*, a three-toed dragon. A
yong symbol was embroidered on each end of the sleeves
of the *ui* of the *sibijangbok* and on each shoulder of that of
the *gujangbok*.

화충문　華蟲紋　*Hwachung Symbol*

화충은 '꿩'을 말하며, 면복의 화충문은 꿩모양[치형(雉形)]으로 표현한다. 꿩은 깃털이 아름다워 자수 문양으로 많이 쓰이고 절의(節義)와 부부의 친애해로(親愛偕老)를 나타낸다. 중국에서는 상고시대에 이미 황후의 옷을 장식하는 문양으로 사용하였으며, 우리나라에서도 왕의 면복 '의'와 왕비의 적의·폐슬 등을 장식하는데 사용하였다. 『삼례도』면복에 그려진 화충이나 『주례』「고공기」에 나오는 화충 모두 치형이다.

정현(鄭玄)은 화충을 '치'라고 해석하면서도 '충(蟲)' 중에서도 깃털[모린(毛鱗)]에 화려(華麗)한 문채(文彩)가 있어 '화충(華蟲)'이라 하고 '의'에 '그려 넣는다[繪畵]'고 하였는데, 봉황으로 볼 수도 있다. 당대(唐代) 『주례소(周禮疏)』와 『의례소(儀禮疏)』 등을 저술한 가공언(賈公彦)은 "산·용·화충을 그리는데 있어 화충은 용 아래에 둔다."고 하였다. 면복의 화충문은 양쪽 소매 끝에 그리는데 십이장복에는 용 아래에 3개, 구장복에는 화(火)와 종이(宗彝) 사이에 각 3개씩 그린다.

Hwachung means peasant. This symbol was depicted on the *ui* of king's *myeonbok*, and the queen's *jeokui* and *pyeseul*. A *hwachung* symbol was a popular embroidery design due to its beautiful peasant feathers and implications: fidelity, conjugal affection and the bliss of growing old together in wedded life. This pattern was placed on the ends of the sleeves of the *ui* of *myeonbok*. *Hwachung* is sometimes called *bonghwang*, or an imaginary bird that reigns over all other birds.

종이문 宗彝紋 *Jongyi Symbol*

종이는 종묘지이기(宗廟之彝器)라 하여 종묘 제향(祭享)에 쓰이던 술잔을 일컫는 이준(彝樽)에 호랑이[虎]와 원숭이[蜼]를 그려 넣은 것이다. 호랑이는 엄격함과 용맹함을 지녔고, 원숭이는 지혜로움을 지녔다고 하여 호는 맹무(猛武), 유는 지(智)를 의미한다. 또한 '유(蜼)'는 원숭이[猿]의 일종으로 효행 있는 짐승이라는 뜻을 지니고 있어, 종이가 '효(孝)'를 상징하게 되었다. '유'를 그릴 때는 꼬리가 긴 선후류(獮猴類)로 표현하였다. 이러한 문양은 천자의 지(知)·덕(德)·효(孝)를 나타낸다. 중국에는 존천융조(尊天隆組)의 풍습이 있어 종이를 십이장문의 하나로 채택하였는데, 화충이 꿩모양의 '치형'으로 고정되기 전에는 종이에 여러 가지 동물을 표현하였으나 정현에 의해 '호'와 '유' 두 동물만이 십이장문으로 정립되었고, 양나라 이후 호랑이와 원숭이 두 가지가 채택되어 오늘에 이르고 있다. 십이장복에는 '상'에 수놓고, 구장복에는 '의' 소매에 화·화충과 함께 그리는데 소매 오른쪽에는 호랑이, 왼쪽에는 원숭이를 그린 종이문을 배치한다.

Jongyi is a wine vessel used in the *Jongmyo* royal ancestral rite. On the surface of the cup were depicted a tiger and a monkey. Because the former represents sternness and valor and the latter wisdom and filial piety, a *jongyi* symbol stands for an emperor's intelligence, moral excellence, and filial piety. It was placed on the *sang* of the *sibijangbok* and on the sleeves of the *ui* of the *gujangbok*. The image on the right side of the sleeve is a tiger, and that on the left is a monkey.

조문 藻紋 *Jo Symbol*

『시경(詩經)』이나 『서경(書經)』에 의하면 조(藻)는 수초(水草)를 말한다. 모양은 당초식(唐草式) 곡선문(曲線紋)이다. 상대(上代)에는 청결을 요하는 장소에 조문(藻紋)을 그렸는데, 이러한 의미에서 '조'가 청결과 화미(華美)를 나타냄을 알 수 있다. 우리나라에서는 고구려 고분 내부의 천장·주량(柱梁) 등에 이 곡선문이 표현되어 있다. 또한『삼례도』의 면복 복장에는 작수초상(作水艸狀)으로 되어 있다. 조는 문채(紋彩)가 있어 화려하고 아름다운 것으로 여겨 면복의 장문으로 채택되었다. 면복의 '상'에 수놓는데, 십이장복에는 맨 아래에, 구장복에는 맨 위, 즉 분미 위에 각 1쌍씩 배치한다.

Jo means seaweeds. It was described in the place that should be kept clean. In ancient Korea, the ceiling and colonnade of the Gogurye tombs were ornamented with *jo* symbols marked by curved lines. This symbol of cleanness and splendor was expressed beautifully and gorgeously in a curved, arabesque-like pattern, and usually found on the *sang* of *myeonbok*.

화문 火紋 *Hwa Symbol*

화는 자연현상으로서의 '불'을 말한다. 화는 밝음[明]을 취하며, 화문(火紋)은 불의 형상으로부터 유래하여 적색(赤色)에 환형(圓形)으로 표현한다. 화문은 눈부시게 빛나는 것, 즉 조요광휘(照耀光輝)를 표시하는데 오행의 하나로 밝은 덕을 상징한다. 『설문해자』에서는 화문이란 글자 '화'를 본 딴 연호문(連弧文)을 이룬 기하학적 문양[圖紋]이라고 하였다. 십이장문으로서의 화문에 대하여 『서경』 「공안국전(孔安國傳)」에서는 '화위화자(火爲火字)', 즉 화는 화자(火字)로 만들며, 설문의 글자 '火' 모양으로 수놓는다[刺繡] 하였다. 또한 『주례』「고공기」에서는 '화이환(火以圜)'이라 하여 화를 둥글게 만들어 수놓는다고 하였다. 정현이 『주례』「고공기」의 '화위권(火爲圈)'이라는 글귀에 그 형상이 반환(半圜)과 같다 한 것도 이 반환 2개를 나란히 하여 마치 화자(火字)와 같이 만든 것이라고 할 수 있다. 『삼례도』에 나타난 면복 복장의 화는 둥근 모양[圜狀]의 화문 또는 자연연소상(自然燃燒狀)의 화문을 하고 있다. 십이장복에는 '상' 맨 윗줄에 1쌍을 수놓으며, 구장복에는 '의' 양쪽 소매 맨 윗줄에 각 3개씩 그린다.

Hwa means fire. A *hwa* symbol implies what glitters dazzlingly, that is, the bright virtue. Designed on the basis of the image of fire, it is shaped like a red ring, or the character *hwa*(火). It was embroidered on the *sang* of the *sibijangbok* and on the sleeves of the *ui* of the *gujangbok*.

분미문 粉米紋 *Bunmi Symbol*

분미는 쌀이며, 쌀을 모아놓은 형태의 문양으로 백성(百姓), 즉 양민(養民)을 의미한다. 이것은 결(潔)함을 취하는 동시에 사람을 보양한다는 뜻에서 십이장문의 하나로 채택되었다. 전한의 공안국(孔安國)은 '분'은 속빙(粟氷)과 같고 '미'는 취미(聚米)와 같다 하여 분과 미를 나누어 두 개의 장문으로 보았으나, 후한 때 정현이 십이장문에 종이(宗彛)를 추가하고 대신에 분과 미를 합하여 하나의 문장(紋章)으로 삼았다. 『삼례도』 면복 복장의 분미는 원형으로 쌀을 모아놓은 형상을 하고 있다. 십이장복과 구장복 모두 '상'에 수놓으며, 십이장복에는 화문과 종이문 아래에 1쌍, 구장복에는 조문과 보문 사이에 대칭으로 1쌍을 배치한다.

Bunmi means rice and by extension, the king's subjects. It was chosen as one of the *sibijangmun* for its white pureness and nurturing nature. The *sang* of *myeonbok* was ornamented with the symbol of grains of rice arranged in a circle.

보문 黼紋 *Bo Symbol*

보(黼)는 '수, 여러 가지 색으로 아름답게 수놓은 옷, 흰 실과 검은 실로 수 놓은 도끼모양, 고대 천자의 예복'과 같은 의미를 지닌 뜻글자이다. 가공안은 "보백여흑상차문(黼白與黑相次文)"이라 하여 도끼의 칼날은 희고 몸체는 검어 '결단을 내린다'는 뜻이라 하였다. 보문(黼紋)은 왕제 면복의 십이장문 중 하나로 도끼모양[부형(斧形)]의 첨각형(尖角形) 무늬이다. 면복 이외에 제왕의 방에 세우는 병풍에도 그려 넣었는데, 이때는 손잡이 없이 그렸다. 손잡이가 없다는 것은 쓸 수 없다는 뜻이며, 이것은 천자의 강하고도 엄한 결단을 뜻하는 동시에 천자의 덕을 상징한다.

The character *bo*(黼) signifies 'embroidery; clothes embellished with beautiful embroideries in various colors; an axe symbol embroidered in black and white; the ancient emperor's ceremonial dress.' A *bo* symbol looks like an axe with white blade and black body, whose implication is to make a definite decision. It was stitched on the *sang* of *myeonbok*. The symbol of an axe without the handle was also found in folding screens in an emperor's room to indicate the sovereign's virtue and strong determination.

불문 黻紋 *Bul Symbol*

불문은 아자문(亞字紋)을 좌우 대칭으로 배열한 모양이다. 악을 멀리하고 선을 행하라는 뜻으로 '상'에 수놓는다. 후한 명제 때부터 제복의 문양으로 쓰기 시작한 십이장문의 하나로 『삼례도』에서는 '己'자 2개를 상배(相背)한 회형문(迴形紋)으로 나타나며, 시비가 분별되는 것을 취하고 선악이 서로 배치되어 사심(私心)이 없음을 의미한다. 『주례』에서는 "'불'은 흑(黑)과 청(靑)으로 양기상배형(兩己相背形)을 이루므로 신민(臣民)의 배악향선(背惡向善)의 의미와 군신이합(君臣離合)의 이치를 상징한다."고 하였다. 도교적 관점에서 '흑'은 북방색으로 물[水], '청'은 동방색으로 나무[木]을 나타내므로 '흑청'은 물이 나무를 상생(相生)하게 하는 이치를 드러내는 것이다. 배악향선과 군신이합을 색으로 표현한 것이 바로 흑과 청이며, 이를 통해 군신은 오직 덕으로만 친할 수 있다는 것을 나타내기 위해 사용한다. 보문과 함께 일종의 기하문으로 면복 뿐 아니라 일반 의복이나 기물의 장식에도 사용하였다.

A *bul* symbol has the shape of the two same characters '弓' put back-to-back. It was embroidered on the *sang* of *myeonbok* as a means to warn the wearer to turn away from the evil and do good. The symbol implies the discrimination between right and wrong, the absence of selfishness, and that only virtue can consolidate the relation between sovereign and subject. It also appeared other clothes and utensils.

상

裳 *Sang*, ceremonial skirt

'상(裳)'에는 일반 치마와 예복용 치마가 있다. 제왕의 제복이나 조복으로 착용하는 '상'은 앞 3폭·뒤 4폭, 총 7폭을 이어 붙여 허리에 달고 주름을 잡았다. 황제나 왕의 것은 훈색이며, 문무백관의 조복용 '상'은 홍색이고 제복용은 흑색이다. 왕의 면복 '상'에는 신분에 따라 6장문이나 4장문을 수놓고, 왕비의 적의(翟衣) '상'에는 용문(龍紋)이나 봉문(鳳紋) 또는 화문(花紋)을 금박한다. 황제의 면복에 착용하는 '상'은 너비 290cm, 길이 84cm의 훈색(纁色) 단(緞)으로 만들었는데 앞 3폭·뒤 4폭, 총 7폭을 길이 100cm, 폭 8cm의 허리에 이어 붙여 그 모양이 마치 휘장[帷]처럼 보인다. 위쪽에 일정하게 주름을 넣었으며, 양 옆에 길이 60cm의 허리끈을 달아 묶을 수 있게 하였다. 『대한예전』에 수록된 '상'의 문양 배치에 대한 서술(敍述)과 도해(圖解)가 서로 달라 기록을 근거로 복원하였다. 중앙에 화·종이·조를 한 행으로 하고 분미·보·불을 또 한 행으로 하여, 이들 두 행을 한 쌍으로 하는 6장문을 좌우대칭으로 해서 총 4행으로 수놓았다. '의'에 그린 6장문과 '상'에 수놓은 6장문을 더하여 총 12장문을 이루며, 이로써 십이장복이 된다. '상'은 중단 위에 착용하고 그 위에 '의'를 입는다.

The *sang* is a ceremonial skirt, as part of *jebok* or *jobok*. It was worn over a *jungdan* and below a *ui*. The skirt of emperor's *myeonbok* is made of red silk: seven pieces, each for the front and rear, are sewn together in the shape of a rectangle, folded and tied to the waistband like a curtain. On the center of the front are embroidered the six symbols of *hwa*, *jongyi*, *jo*, *bunmi*, *bo* and *bul* in a symmetrical way. Two strings are attached to the ends of the waistband to be tied up.

중단

中單 *Jungdan,* in-between coat

　중단(中單)은 조선시대 왕과 왕비를 비롯한 백관들이 예복(禮服)을 착용할 때 겉옷[表衣:袍] 안에 입던 중간 옷[中衣]이다. 왕의 면복 '의'와 강사포(絳紗袍) 안에 착용한다.

　십이장복의 중단은 소색(素色)의 홑옷이고 순인갑사로 만들었으며, 길이 123.5cm, 품 46cm로 형태는 오늘날의 두루마기와 같이 곧은 깃[直領]이다. 소매는 너비 65.5cm로 통이 넓은 광수이다. 길은 '의'와 마찬가지로 아래로 갈수록 넓어지며 트임이 없다. 깃에 폭 10.5cm, 도련과 소맷부리에 폭 8.5cm의 청색 연(緣)을 대었고, 깃에 두른 청연(靑緣)에는 총 13개의 불문(黻文)을 금박하였다. 불문은 뒷고대 중심에 1개, 양쪽 깃에 각각 6개씩을 배치하였다. 『대한예전』에는 십이장복 중단 깃에 불문 12개를 직성한다고 씌어 있으나, 황제의 조복인 통천관복 중단에는 불문 13개라고 되어 있으며 구성 상 13개가 맞으므로 이에 따라 불문을 13개로 그렸다. 또한 『대한예전』의 도해에는 중단에 옷고름

이 없는데, 이는 『대한예전』을 중국의 『대명회전』을 참고하여 편
찬하였기 때문에 중국제도의 일부를 따라 이와 같이 한 것으로
추정한다. 그러나 조선 중반 이후 우리나라 예복에는 옷고름이
생겼으므로 중단에도 '연'과 같은 색인 청색 고름을 달았다.

The *jungdan* is a base garment worn under the ceremonial robe
of a king, a queen, and government officials – under the king's *ui*
of *myeonbok* and *gangsapo*, the queen's *jeokui*, and officials'
jeokchoui and *cheongchoui*. The *jungdan* of the *sibijangbok* is of
white and single-layered. Like the *durumagi*, it widens toward the
end and has a straight collar, wide sleeves, and no slits. It also has
blue tying strings and blue cloth edging along the collar, the ends
of sleeves, and the bottom. Specially, on the edging along the collar
is imprinted thirteen *bul* symbols in gold leaf.

폐슬

蔽膝 *Pyeseul*, ceremonial apron

폐슬(蔽膝)은 무릎을 가리기 위해 허리 아래로 늘이는 장방형의 천이다. 왕의 면복과 조복(朝服), 문무백관의 조복·제복(祭服), 왕비의 적의에서 '의' 위에 늘인다. 바탕색은 '상'과 같은 색으로 하고, 둘레에 선을 두르는데, 윗선은 영(領)이라 하고 아랫선은 순(純)이라 하며, 양 옆의 가선은 비(紕)라 한다. 위에는 구(鉤)를 단다. 고려시대에는 면복의 폐슬을 훈색으로 하고 산·화 2장문을 적·백·창·표(縹)·록(綠)의 오채(五彩)로 수놓아 혁대에 걸어 찼다. 십이장복에 착용하는 폐슬은 『대한예전』의 면복제식에 따라 훈색 라(羅)로 만들었는데, 모양과 색은 설명하였으나 치수는 기록되어 있지 않아 『국조오례의서례』를 해제하여 재현하였다. 길이는 77cm, 폭은 위 28.5cm, 아래 44cm로 밑으로 갈수록 넓어지는 형태이다. 폭 5cm의 검은색 라로 사방에 선을 둘렀고, 바탕과 선의 경계에는 위를 제외한 좌우와 아래에 적·청·황·흑·백의 견사로 짠 오색조대(五色條帶)로 순(紃)을 둘렀다. 훈색 바탕에는 황제를 상징하는 장문을 금실로 수놓았다. 『대한예전』의 도해에는 위에 용문 두 개가 있고 그 아래에 산과 화가 있지만, 기록에 의거하여 위에는 용문 한 개를, 그 아래에는 화문 세 개를 배치하였다. 맨 위에는 대대에 걸 수 있도록 너비 4cm, 길이 7cm의 고리[鉤]를 3개 달았다. 용문과 화문에는 밝기가 다른 두 가지 색의 금실로 수(繡)를 놓아 용과 불꽃에 입체감이 나도록 하였다.

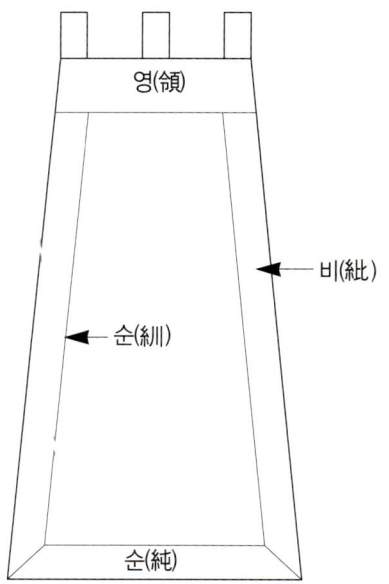

The *pyeseul* is a trapezoid cloth hanging from the waist to below the knees (in order to hide them). It was worn over the *ui* of king's *wonyugwanbok*, queen's *jeokui*, and government officials' *jobok* and *jebok*. The main body is made of pinkish red cloth like the *sang*, and then, trimmed with five-colored ornamental braid (in red, blue, yellow, black and white) and then again, surrounded by black 5cm-wide cloth edging. Three loops are placed on the top to be hung from a *daedae*. The emperor's exclusive symbols of *yong* and *hwa* are embroidered with a gold thread on the main body.

패옥

佩玉 *Paeok,* jade ornament suspended from each side

패옥(佩玉)은 왕과 왕비의 법복이나 문무백관의 조복과 제복에 패용하는 장식품을 말한다. 중국 은나라에서 혁대에 달고 다니던 한 쌍의 장식품을 '패'라 하고, 패에 달린 옥을 '패옥'이라 한 것에서 유래하였다. 패옥이 엉키는 것을 방지하기 위해 명나라 때부터는 패대(佩袋)를 함께 사용했다. 패옥은 여러 모양의 얇은 옥을 연결하여 만들었는데, 『가례집람(家禮輯覽)』에 의하면 위에 가로로 댄 형(珩)에 끈 셋을 달아 진주로 만든 구슬[蠙珠]을 꿰고 충아(衝牙)를 달며, 양 옆에는 각각 거(琚)와 황(璜)을 달고 또 2개의 끈을 엇갈리게 우(瑀)에 꿰어 위의 형에 매며, 아래에 황을 달고 위대(韋帶)에 꿰어서 늘였다고 한다. 또한 『국조오례의서례』「제복도설」에서는 위에 형이 있고 가운데 거와 우가 있으며 아래에는 쌍황(雙璜)이 있고 쌍황 사이에 충아가 있으며 충아와 쌍황 사이에 쌍적(雙適)이 있는데, 모두 무늬가 없는 민옥(珉玉)을 쓴다고 하였다. 금속 고리를 부착하여 혁대에 걸어 늘어뜨렸다.

십이장복의 패옥은 『대한예전』에 의거하여 복원하였는데, 얇은 옥판에 운룡문(雲龍紋)을 양각으로 새기고 백옥구슬로 연결하여 5단으로 구성하였다. 상단에는 형이 1개 있으며, 여기에 구슬을 꿴 5줄을 연결하고 중앙에 우 1, 거 2, 충아 1, 황 2을 달았다. 또한 형에 연결한 2줄에 각각 옥판을 달고, 옥판에 옥화와 옥적을 달았다. 패대는 황제의 후수와 같은 훈색 견사로 짠 총 길이 72cm, 폭 10cm 정도의 바탕[質]에 망수(網綬)를 맺고 술을 늘어뜨리며, 바탕 위에 백·황, 적·흑, 표·록으로 짠 6채의 소수(小綬) 세 쌍을 드리웠다. 패대와 패옥 모

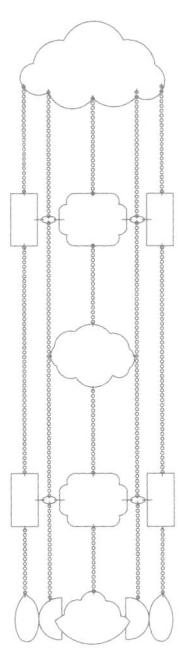

두 대대에 걸 수 있도록 금고리[金鉤]를 달았다. 대대를 찬
후 뒤에 후수를 걸고 패대와 패옥을 양 옆에 늘인다. 패옥
은 문양보다는 소리를 중시하는데, 움직일 때 이들 옥적·
황·충아가 서로 부딪혀 소리를 내며, 이 소리는 왕의 위엄
과 권위를 상징한다.

The *paeok* is a jade accessory worn with the king and queen's
ceremonial dress and governmental officials' *jobok* and *jebok*.
Over the *paedae*, or a long narrow piece of fabric woven with
pinkish red silk thread, are placed the three pairs of two cords,
respectively in white and yellow, in red and black, and in light
blue and green, over which again, the various shapes of thin jade
plates, engraved with the dragon in the clouds symbol. These
plates are linked to one another through strings of white jade
beads and arranged in five layers, from top to bottom, of
hyeong(珩), *geo*(琚) and *woo*(瑀), *ssanghwang*(雙璜),
chungah(衝牙), and *ssangjeok*(雙適). Since a pair of *paeoks*,
suspended from a *daedae*, hang from both sides of the waist,
they produce a clear sound whenever they swing and collide
with one another. Their sound was regarded more important
than their design, for the former represented the dignity and
authority of the king.

대대 · 후수
大帶 · 後綬
Daedae · Husu, cloth belt and back drapery

대대(大帶)는 왕과 왕비 및 문무백관의 예복에 착용하는 큰 띠이다. 본래 중국의 한·육조시대에서 비롯되었는데, 우리나라에서는 삼국시대에 들어와 고려를 거치면서 허리띠[腰帶]로 널리 사용되었다. 주로 비단으로 만들며, 허리에 두르는 옆으로 긴 부분과 아래로 늘어뜨리는 부분, 그리고 매는 끈[紐約]으로 구성된다. 『대한예전』에는 "면복의 대대는 겉은 흰색에 안은 붉은색으로 하고 가장자리에 선을 두르는데, 위(허리 부분)는 붉은색이고 아래로 늘어뜨린 부분은 녹색이며 금(錦)을 사용하지 않는다."고 되어 있다.

후수(後綬)는 예복을 입을 때 뒤에 늘어뜨리는 장식 띠를 말한다. 중국 전국시대에 허리에 차는 패수(佩璲)에서 유래하였다. 점차 색깔 있는 끈으로 짜서 구슬과 함께 양 허리에 매었는데, 이것을 수(綬)라 한다. 후세 사람들은 소수(小綬) 혹은 방수(旁綬)라고도 하였으며, 등 뒤로 늘이는 것은 대수(大綬) 또는 후수라 한다.

우리나라에서는 1370년(공민왕 19)에 공민왕이 적·백·표·록의 4색 후수를 착용했다는 기록이 있다. 후수는 색실로 장방형의 천을 짜서 위에는 고리를 달고 아래에는 청사망(靑絲網)을 맺고 술을 달았다. 품계에 따라 색실의 수와 문양, 환(環)의 재질이나 개수가 다른데, 『고려사(高麗史)』에는 "수는 소수로 2개의 금환을 달았다."고 기록되어 있다. 조선시대에는 왕·왕세자·왕비 및 문무백관이 패용하였으며 『경국대전』이나 『국조오례의』 등에서 각각의 특징을 규정하였다. 『국조오례의』에는 "왕의 수는 홍화금(紅花錦)으로 하며 쌍금환(雙金環)을 단다."고 하였는데, 1746년(영조 22)에는 문단(紋緞)을 금한 뒤 상방(尙方)으로 하여금 적·청·현·표·록 등의 단(緞)을 짜

서 하되 무늬가 없게 한 적도 있다. 문무백관의 후수는 홍색 비단에
1 · 2품은 황 · 록 · 적 · 자의 4색실로 운학문(雲鶴紋)을 수놓고 2개
의 금환(金環)을 달았다. 3품은 같은 4색실로 반조문(盤鵰紋)에 2개
의 은환(銀環)을, 4품은 황 · 록 · 적의 3색실로 연작문(練鵲紋)에 2개
의 은환을, 5 · 6품은 4품과 같은 3색실의 연작문에 2개의 동환(銅
環)을, 7 · 8 · 9품은 황 · 록의 2색실로 계칙문(鸂鶒紋)을 수놓고 2
개의 동환을 달았다.

고종황제가 착용했을 것으로 추정되는 십이장복의 후수를 『대한
예전』을 근거로 복원하였는데, 대대에 후수가 부착되어 있는 형태이
다. 대대는 겹으로 되어 있는데 겉감은 백색 단, 안은 홍색 단이다.
백색 바탕 위에 옆으로 길게 이어진 허리 부분에는 홍색, 아래로 늘
어뜨린 부분에는 녹색의 가선을 둘렀다. 양 옆의 허리끈은 흰색의
무문단이다. 후수는 너비 70cm, 길이 82cm로 견사와 옥으로 제작
하였다. 바탕은 훈색 견사로 망수(網綬)를 짜고 망수 아래에는 같은
색으로 7cm의 사망(絲網)을 연결하였으며 그 밑에 16cm의 수술을
늘였다. 훈색 바탕 전체를 세로로 3등분하여 황 · 백, 적 · 현, 표 ·
록 6채의 12사(絲)로 짠 소수를 3쌍으로 늘이고, 바탕 상단에 3행의
곡고문양을 균형 있게 배열하였다. 제 2행 중앙과 3행 좌우에 용문
양을 새긴 옥환(玉環)을 각 1개씩 총 3개를 달고, 아래쪽에 드리운
소수를 중심으로 4열의 꽃수를 달았다. '의'를 입은 후 뒤 중심에 후
수를 놓고 녹색 선을 두른 대대가 양 옆에 늘어지도록 뒤에서 앞으
로 띠를 맨다.

후수는 면복의 일습 중 하나이자 관위(官位)를 상징하는 대표적인
표식이다. 색이나 문양의 사용을 절제하였으며, 장식을 바탕 상단에
집중시키고 소수를 길게 늘였다. 이로써 황제의 권위를 부각시키는
장엄하고 숭고한 분위기를 자아낸다.

The *daedae* is a big-sized cloth belt tied over the *ui* of ceremonial dresses of a king, a queen, and governmental officials, and the *husu* is a kind of ornamental drapery hung in their back, attached to a *daedae*. First, the *husu* was located in the center of the wearer's back and then, the two white long hanging straps of *daedae* on both sides, and finally, the two ends of the belt were tied in the front. The body of the emperor's *husu* is woven with pinkish red thread and consists of three parts from top to bottom: *mangsu*(網綬), or a decorative piece of fabric closely woven in a checker pattern, *samang*(絲網), or an ornament made of delicate netting fabric, and *susul*, or fringe. And on the fabric body are placed three pairs of two braids, respectively in white and yellow, in red and black, and in light blue and green, jade rings and silk threaded loops. Because the *husu* is one of the representative token indicating the wearer's rank, it has different designs and decorations depending on his position.

옥대
玉帶 *Okdae*, belt with jade ornaments

옥대(玉帶)는 의복의 허리를 잡아주어 위치를 고정시키고 신체의 중심을 잡아 사용자의 활동성을 증가시키는 실용적 기능과 함께 신분을 나타내는 상징적 역할을 한다. 이러한 장식성과 상징성은 대에 부착하는 꾸밈새인 '띠돈[帶鉤]'을 통해 구현되는데, 옥대는 왕실에서만 사용하는 것이다. 왕의 옥대는 홍색단으로 싸고 용문투조(龍紋透彫) 장식이 있는 옥판을 붙이며, 왕비의 것은 청색단(靑色緞)으로 싸고 무늬가 없는 민옥판으로 장식한다. 옥대에는 둘레 조정 장치가 따로 없기 때문에 넉넉하게 제작해서 실제 패용하면 앞쪽은 가슴에 오고 뒤쪽은 허리 아래로 쳐진다. 따라서 옥대를 고정시키기 위해 의, 포 등 웃옷의 겨드랑이 부분에 옥대를 걸어 고정시키는 띠고리와 묶는 끈을 달았다. 그리고 옷을 정리한 후에는 옷고름을 대 안쪽으로 넣어 흐트러지지 않도록 하였다.

옥대는 전체길이 114cm에 너비 4cm이며, 홍색운문단(紅色雲紋緞)으로 겉을 싸고 5줄의 금색 선(線)을 둘렀다. 앞에는 가로 6.5cm에 세로 4cm의 금속 띠돈 안에 사각형의 옥판을 붙이고, 양 옆에 지름 4cm 정도의 타래붓꽃 모양[荔枝形]의 옥판을 붙였다. 사각형 옥판에는 왕을 상징하는 여의주를 문 용문을 투조하였다. 뒤에는 정면 중앙에 부착한 것과 동일한 사각형의 용문투조 옥판 7개를 연이어 붙였고, 양 옆에는 2개의 여지형 옥판과 크기가 다른 2개의 사각형 용문 옥판을 붙였다. 또한 장식판을 부착하면서 튀어나온 철사가 몸에 닿지 않도록 하기 위해서 옥대 뒷부분 안쪽에는 옥색문단(玉色紋緞)을 여러 겹 접어 덧댔는데, 이는 옥대 뒤 가죽을 한 겹으로 만들어 앞쪽보다 얇기 때문이다.

The *okdae* is a belt. It has a practical function to keep the clothes in place for the wearer's easy movement and a symbolic one to show his title. The basic frame is made of leather, which is wrapped by silk and ornamented with several pieces of *okpan*, or jade plates carved with the king's *yong* symbol. This belt is made to have sufficient circumference because it has no device to be shortened or lengthened. It is suspended by the loops and strings attached to the armpit of the outer garment. The backside is composed of only one layer of leather to lash down the ornamental plates to the belt with wires, and thus, the back inside is covered with several layers of jade green silk so that the wires cannot touch the body.

말

襪 *Mal*, socks

    말(襪)은 '버선'인데, 발을 보호하고 맵시를 내기 위해 천으로 만들어 신은 것으로 '족의(足衣)', '족건(足巾)'이라고도 한다. 버선이라는 말은 1527년(중종 22) 최세진(崔世珍)의 『훈몽자회(訓蒙字會)』에 '보션말'로 처음 등장하는데, 『삼국사기(三國史記)』에 "신분에 따라 말의 재질에 차등(差等)을 두었다"는 기록이 나오는 것으로 보아 우리나라에서는 신라시대에 이미 버선을 착용하였음을 알 수 있다. 또한 『해동역사(海東繹史)』에는 "고려의 말과 이(履)는 헝겊과 가죽으로 발에 맞게 만들어 신었고 묶지 않았다."고 씌어 있다.

버선은 부리·수눅·버선코·회목·버선목으로 구성되는데, 맨 위의 트인 부분을 부리라 하고, 발등 부분을 수눅, 버선 맨 앞의 톡 튀어나온 부분을 버선코, 뒤꿈치의 들어간 곳에서 수평으로 앞 목에 이르는 부분을 회목, 회목에서 부리까지를 버선목이라 하고, 발의 앞 넓이는 볼이라 한다. 버선의 크기는 신는 사람에 따라 모두 다르므로 일반적인 규격은 없고, 길이와 볼의 크기를 기준으로 만든다. 말은 대개 무명이나 광목으로 만들었지만 왕실에서는 주로 비단을 사용하여 예복용 버선을 만들었는데, 색깔에 따라 청말(靑襪)·적말(赤襪)·홍말(紅襪)·백말(白襪) 등이 있다. 신분이나 경우에 따라 색과 재료를 달리하지만 형태는 크게 다르지 않다. 왕의 면복에는 적색 버선인 적말(赤襪)을, 왕비의 적의에는 청말(靑襪)을 신는다. 적말은 특별히 왕의 면복(冕服)에 착용하였는데, 『국조오례의서례』「제복도설」에서는 "말은 홍색 단으로 겉을, 홍색 초(綃)로 안을 하여 만든다."고 하였다. 또한 『국조상례보편(國朝喪禮補編)』에는 말의 재료나 모양이 비교적 구체적으로 나와 있는데, "말이 벗겨지지 않도록 하기 위해 뒤축 상단에 끈을 달았다."고 씌어 있으며, 『대한예전』 면복제식에서는 "적말은 주색 단(鍛)으로 만든다(朱緞爲之)."고 하였다. 이 적말은 홍색운문단으로 만들었으며, 일반 버선과 그 모양은 같으나 뒤축에 끈을 달아 앞으로 맬 수 있게 하였다. 겉과 안 모두 같은 천을 사용하여 두 겹으로 만들었으며, 겨울용에는 솜을 얇게 두었다.

The *mal* means *beoseon*, or the pair of the Korean traditional socks, also called *jokui*(足衣) or *jokgeon*(足巾). For the purpose of protecting the feet and looking beautiful, they are made of cloth and wrap the whole foot, reaching above the ankle. Though similar in shape, they have different materials and colors according to the wearer's social status and occasions: for example, the commoners used cotton cloth and the royal family silk. There were various *mals* of blue, crimson, red, white and so on, among which the *jeokmal*, or the red one were put on with the king's *myeonbok* and the *cheongmal*, or the blue one with the queen's *jeokui*. While generally, they were made to fit the feet without tying strings, the *jeokmal* and the *cheongmal* had strings which were attached to the heel and tied up in the front.

석

舄 *Seok*, ceremonial shoes

석(舄)은 예복에 착용하는 신이다. 우리나라 전통 신발은 모양에 따라 화(靴)와 이(履)로 나누는데, '화'는 신목이 높은 장화 형태의 북방(北方)계 신발이며, '이'는 넓은 의미로는 화를 제외한 나머지 신발을 가리키고, 좁은 의미로는 혜(鞋)와 석처럼 신목이 없는 남방(南方)계 신발을 가리킨다. 신은 형태 이외에 재료에 따라서도 분류하는데 가죽으로 만든 흑피화(黑皮靴)·협금화(挾金靴)·수화자(水靴子)·흑피혜(黑皮鞋)가 있고, 가죽에 사라능단(紗羅綾緞)을 댄 당혜(唐鞋)·운혜(雲鞋)·태사혜(太史鞋)가 있으며, 기름을 발라 방수 처리를 한 유혜(油鞋)와 그 외에 종이·나무·짚으로 만든 것도 있다. 왕의 신발로는 예복에 착용하는 석, 조복·융복·구군복에 신는 화, 그리고 평상복에 신는 혜가 있다. 십이장복과 구장복에는 적석을 신었는데, 『국조오례의서례』「제복도설」의 석은 비석(緋舄)으로 "비색 단을 겉으로, 백색 증을 안으로 하여 만든다(舄以緋段爲表白繒爲裏)."고 하였고, 『국조상례보편』에는 석이 벗겨지지 않도록 끈을 달아 고리에 꿰도록 되어 있다고 씌어 있다. 조선 태종 때 명에서 받은 사여면복에 포함되어 있던 적석은 적색 비단으로 겉을 싸고 흰색 비단으로 안을 했으며, 발목에 매는 끈이 달려있고 푸른색 술이 신코에 달려 있었다고 한다. 『대한예전』에서는 십이장복의 석을 적색 단으로 만들고 황색 끈[黃組]으로 가장자리에 연(緣)을 두르고 검은 끈[玄緌]으로 맺는다고 하였다. 이 적석은 적색 단으로 만들었으며 뒤꿈치 위쪽과 신울의 중간 양쪽에 흰 천으로 고리를 달고, 여기에 검은색 천으로 만든 끈을 꿰어 발등에 매도록 하였다. 신울에는 황색 선을 둘렀으며, 신코에는 구슬을 넣어 망(網)을 뜨고 수술을 달아 만든 황색 사화(絲花) 2개를 달았다.

The *seok*(舄) is a kind of ceremonial shoes. The traditional Korean footwear are divided into the *hwa*(靴) and the *yi*(履). The former is the northern, boots-shaped shoes, and the latter, like the *hye*(鞋) or the *seok*, is the southern ones without uppers. The *seok* was put on with the king's *myeonbok*, the *hwa* with his *jobok*, *yungbok* and *gugunbok*, and the *hye* with his daily dress. The emperor's *seok* was called *jeokseok*, or red *seok*, because they were made of red silk. These shoes were trimmed with yellow piping and ornamented with black tassels on the toecap.

규

圭 *Gyu*, scepter

　규(圭)는 왕이 예복을 입을 때 손에 드는 상징물로, 옥으로 만들어서 '옥규(玉圭)'라 부르기도 한다. 백옥으로 만든 백옥규(白玉圭)와 청옥으로 만든 청옥규(靑玉圭)가 있으며, 옥규는 고려시대에도 사용하였다. 『국조오례의』와 『국조속오례의보(國朝續五禮儀補)』에는 "길이 9치의 청옥규(圭以靑玉爲之長九寸)"라는 기록이 있고, 1758년(영조 34)에 간행한 『국조상례보편』에는 백옥규라 씌어 있어 조선 초기에는 청옥규를 들었으며 후기에는 백옥규를 들었을 것이라 추정한다. 왕과 왕비의 규는 길이 9치이고, 왕세자와 왕세자빈의 것은 7치이며 모두 넓이는 3치, 두께는 5푼이다. 또한 왕과 왕세자의 규는 끝이 산형으로 뾰족한 데 반해 왕비의 것은 곡옥규로 그 끝을 유려한 곡선으로 굴렸다. 황제가 패용하던 규 유물은 남아있지 않기 때문에, 국립고궁박물관에서 소장하고 있는 영친왕의 규를 참고하여 재현하였다. 문양을 새기지 않은 납작한 민옥판으로 만들었으며, 크기는 길이 17.5cm, 너비 4.2cm, 두께 0.9cm이다. 위쪽으로 갈수록 너비가 조금씩 좁아지고 끝은 산처럼 뾰족하다. 규의 아래 부분은 천으로 감싸는데, 이것을 협규대(夾圭袋)라 한다. 협규대에 관하여 『대한예전』에서는 재질이 황기(黃綺) 또는 황금(黃錦)이라고 기록하고 있다. 면복을 갖추어 입고 적석(赤舃)을 신기 전에 규를 드는데, 오른손으로 아래를 쥐고 그 위를 왼손으로 감싼 다음 규를 든 손이 보이지 않도록 '의'로 덮었다.

The *gyu*, also called *okgyu*(玉圭), is a kind of scepter. It is a flat jade plate with no engravings. There are two kinds: the *baekokgyu*(白玉圭) made of white jade and the *cheongokgyu*(靑玉圭) of green jade. The king's and his crown prince's *gyus* have a pointed top, like a mountain, and the queen's elegantly curved edge. The lower end of the emperor's is covered with yellow silk and that of the king's with red one.

방심곡령
方心曲領
Bangsim-gokryeong, round-shaped neck-band

방심곡령(方心曲領)은 황제·왕·문무백관이 제복을 입을 때 가슴에 '방심(方心)'이 오도록 목에 두르는 곡령(曲領) 깃으로, 얇은 비단 [羅]으로 만든다. 중국에서는 남북조 이후 수·당·송 시대에 제왕의 면복·조복 및 조신의 조복에 방심곡령을 달았으나, 명대에는 조복에는 없고 오직 제복에만 착용했다고 한다.

조선에서는 세종 이후부터 제복에만 방심곡령을 착용토록 하였다. 『경국대전』에 백관이 제복을 입을 때 백초(白綃)로 만든 방심곡령을 착용한다는 기록이 있다. 또한 『국조오례의서례』에서는 "옷깃에 덧단 것으로 백라(白羅)로 만들고 좌영(左纓)은 녹색, 우영(右纓)은 홍색으로 양쪽에 달아 고름 두 개로 묶지 않은 채 중간에서 그대로 늘이고 등 뒤에서 맬 수 있게 하였다(方心曲領以白羅爲之旁有兩纓)."라고 씌어 있다. 여밈 위치는 『국조오례의』에서는 목 뒤라고 하였고, 『국조상례보편』에서는 "어깨부분에 단추로 여미도록 실용화 되어 있다."고 하였다.

방심곡령은 '의'를 입은 후에 목 주위에 두르는 것으로 몸의 입체적 굴곡을 감안하여 둥글게 만들었으며, 옷깃에 두르면 사각형의 방심이 가슴 부위까지 내려온다. 방심은 한 변이 7cm인 정사각형 모양으로, 중앙에 사각구멍을 낸 형태이다. 이번에 재현한 것은 대한제국 시기의 십이장복 일습에 포함되는 것이므로 1752년(영조 28)에 증보 편찬된 『국조상례보편』을 참고하여 어깨부위에 흰색 매듭단추를 달았다. 면복에 대해 자세한 도설을 담고 있는 『대한예전』에는 방심곡령에 대한 기록이 나와 있지 않다. 그러나 십이장복을 착용한 순종의 사진에서는 방심곡령을 하고 있으므로, 이를 통해 당대에 방심곡령을 착용했음을 알 수 있다.

The *bangsim-gokryeong*, worn as part of *jebok*, is a combination of the *gokryeong*, or a round-shaped neck-band and the *bangsim*, or a white silk square with a square hole inside. This is designed for the *bangsim* to be placed on the wearer's chest, with a knot button on the region of the right shoulder to adjust it. To be worn around the neck, the *bangsim-gokryeong* is rounded so that it conforms to the curvature of the body.

중치막

中致莫 *Jungchimak,* in-between coat

　중치막(中致莫)은 조선 중기 이후 사대부가 외출할 때 착용하던 곧은 깃의 포(袍)를 말한다. 포는 일반적으로 저고리 · 바지 위에 입는 겉옷[表衣]을 뜻하는데, 예의를 갖추거나 방한을 목적으로 착용하였으니 양복의 외투와 비슷하다고 할 수 있다.

　임진왜란 이후에는 소매가 넓은 광수가 널리 쓰였고, 옥 · 청 · 남색으로 만들어 조복이나 겉옷의 받침옷으로도 착용하였다. 포의 일종인 중치막을 착용한 모습은 조선 후기 풍속화에도 많이 나타나는데, 소매 폭이 넓고 양 옆이 트여 있는 3자락의 옷이다.
1884년(고종 21) 의복 간소화 때 소매가 넓은 대창의(大氅衣) · 직령(直領) · 중의(中衣) · 도포(道袍)와 함께 중치막의 착용을 금하고 대신 두루마기[周衣]를 착용하도록 하였다.

　이 중치막은 길이 125cm에 백색 순인갑사로 만든 홑옷이다. 소매는 넓고 깃은 직령교임에 안으로 깊게 여며진다. 동정과 고름도 흰색인데, 고름은 폭 8cm에 길이 각 90cm이다. 앞길 2매(枚), 뒷길 1매이며 무를 달지 않아 일자로 길게 내려온다. 겨드랑이 아래로 긴 옆트임이 있어서 옷을 입으면 안의 저고리 · 바지가 보인다. 조선시대에 중치막을 널리 입었던 점에 비추어 중치막을 면복과 조복의 중단 안에 입는 받침옷으로 착용하였을 것으로 추정할 수 있으며, 조선 후기의 중치막 유물들을 참고하여 복원하였다.

As part of *myeonbok* and *jobok*, the *jungchimak*, a variety of *po*(袍), or an overcoat, was worn as a base garment of a *jungdan* and over a *baji* and a *jeogory*. It not only protects against cold but also helps adjust the clothes to look right. In the Korean Three Kingdoms period, this garment was a over-knee length coat with narrow sleeves and crossed collars, favored by both men and women, from commoner to king. It is only after the Japanese invasion of Korea in 1592 that it was established as the attire of the male nobility. The *jungchimak* has a straight collar, wide sleeves, and opened armpits and was replaced with the *durumagi* in the later Joseon dynasty.

저고리

赤古里 *Jeogori,* upper garment

저고리(赤古里)는 웃옷의 일종으로, 길·소매·깃·섶·동정·고름으로 구성된다. 상고시대 이래로 남녀가 공통으로 착용해 왔는데 삼국시대에는 유(襦)·복삼(複衫)·위해라고 하였고, 조선시대에는 삼(衫)·한삼(汗衫)·적고리(赤古里)·의(衣)·져구리·저고리·결마기[絹莫伊]라고 하였으며, 궁중용어로는 동의대(胴衣襨)라고도 하였다. 바지와 마찬가지로 계절에 따라 면·마·견·단을 다양하게 사용하였다. 조선시대 이전에는 남녀 저고리의 형태가 같았으나, 조선 중기 이후 여성 저고리가 겉옷으로 자리매김하면서 길이와 형태가 다양하게 변화한데 반해 남성 저고리는 기본복식이자 겉옷의 받침옷으로 기능하면서 특별한 변화없이 오늘날까지 그 형태를 유지하고 있다. 왕의 복식에서도 저고리는 바지와 함께 기본복식으로 면복·조복·상복·융복·구군복·평상복을 착용할 때 가장 먼저 입는 윗옷[上衣]이다.

The *jeogori,* or the traditional Korean upper garment worn since ancient times, is composed of the body, sleeves, collar, collar strip, gore and tying strings. It is also called *yu*(襦), *sam*(衫), *ui*(衣) and in the royal court, *donguidae*(胴衣襨). The shapes of both the male and female ones had been alike before the Joseon dynasty but gradually became different since then; the female one took roots as outerwear piece in the middle of Joseon dynasty and has underwent considerable changes in both length and shape since then while the male one has preserved its initial form more or less, functioning both as a basic garment and as an inner clothes worn under an outerwear.

바지

Baji, trousers

　　바지는 상고시대부터 착용하였는데 초기에는 통이 좁아 남녀 구별 없이 입는 활동적인 옷이었으나 점차 통이 넓어져 주로 남성이 착용 하게 되었고, 여성의 바지는 속옷으로 발전했다. 바지라는 말은 정인 지(鄭麟趾)가 '파지(把持)'라고 한 것이 최초의 기록인데, 영조 때 간 행된 『국혼정례(國婚定例)』, 『상방정례(尙方定例)』에서도 모두 '파 지'로 기록하고 있으며, '바지'라는 말은 1819년(순조 19)에 기록한 『궁중발기(宮中撥記)』에 처음 나타난다. 그 외 『탁지정례(度支定例)』, 『가례도감의궤(嘉禮都監儀軌)』에 바지, 이의, 말군, 봉디, 너른바지, 누비바지 등 다양한 기록이 보인다. 1882년 『임오발기(壬午撥記)』에 는 '종디(봉지)'라고 기록되어 있는데, 이것은 왕·왕비·왕세자· 왕세자빈의 바지를 말하는 것이다. 고대부터 오늘에 이르기까지 우 리 옷의 기본복식 중 하나인 바지는 겉옷과 속옷으로 입었고, 바지· 고의·잠방이와 같이 명칭이 달랐다. 심재가 집필한 『송천필담(松泉 筆譚)』에 의하면, 임진왜란 이전에 남자는 고장고(古長袴)를 입었고 여자는 광고(廣袴)를 입었으나, 임란 이후에는 여자들이 고장고와 광 고를 모두 입게 되었다. 고장고란 남자들이 입었던 넓은 바지(단속곳 바지)를 말하고, 광고는 여자들이 입었던 너른 바지를 말한다. 남자 바지는 마루폭·사폭·허리로 구성되며, 활동성과 보온성을 높이기 위해 바짓부리를 오므려 발목에 단단하게 묶었는데, 발목에 묶는 끈 을 대님이라 한다. 계절에 따라 면·마·견·단을 다양하게 사용하 였다. 저고리와 함께 모든 남자 옷의 기본복식으로 면복·조복·상 복·융복·구군복·평상복을 착용할 때 가장 먼저 입는 아래옷[下 衣]이다.

The *baji* is the traditional Korean trousers, having been worn since ancient times. These trousers were initially narrow, unisex, and very convenient everyday wear but gradually became wider, until they settled as men's outer garment and women's underwear. Since then, the *baji* became men's basic lower garment when they put on *myeonbok*, *jobok*, *sangbok*, *yungbok*, *gugunbok*, *pyeongsangbok* and etc. The male *baji* is composed of three parts(*marupok*, *sapok*, and *heori*), and tied up around the ankles with *daenim*, or a kind of tying strings, for easy movement and warmth.

구장복 九章服
Gujangbok, nine symbol dress

- 면류관 冕旒冠 *Myeollyugwan*
- 의 衣 *Ui*
- 상 裳 *Sang*
- 중단 中單 *Jungdan*
- 폐슬 蔽膝 *Pyeseul*
- 패옥 佩玉 *Paeok*
- 대대 大帶 *Daedae*
- 후수 後綬 *Husu*
- 옥대 玉帶 *Okdae*
- 말 襪 *Mal*
- 석 舃 *Seok*
- 규 圭 *Gyu*
- 방심곡령 方心曲領
  Bangsim-gokryeong

구류면

九旒冕 *Guryumyeon*, nine beads string crown

　구류면은 왕이나 황태자가 면복을 입을 때 쓰던 관이다. 조선의 왕들은 구류면을 착용했으며, 기본 형태는 십이류면과 동일하고 천판 앞뒤에 늘이는 '유'의 수와 사용하는 색옥의 종류와 개수만 다르다. 중국의 『전한서』에 의하면 "면류관은 앞에 유를 하여 눈밝음을 가리고 주광(또는 청광)으로 귀를 채워 귀밝음을 막는다."고 하였다. 구류면 역시 면관으로 앞이 뒤보다 숙여진 전면후앙이며, 검은 색 비단으로 싼 둥근 원통형 관신에 길이가 너비보다 2치 긴 장방형의 천판을 드리웠다. 천판은 앞이 살짝 둥글고 뒤는 모난 전원후방의 형태이며, 겉은 검은 색, 안은 붉은 색 비단을 대었고, 앞과 뒤에 각각 9줄의 유를 늘어뜨렸다. 매 유마다 9개의 옥구슬을 꿰었는데, 적·백·청·황·흑록(黑綠)의 5가지 색을 차례로 꿰어 앞뒤 18류로 총 162옥이다. 관부 상·중·하단에는 각 1줄씩 총 3줄의 금식을 둘렀으며 정면에는 금으로 만든 운문형의 장식을 부착하였다. 또한 관부에는 관을 고정하기 위한 금잠도(金簪導)를 꽂았고, 면판 양 옆으로 주영에 옥주 2개를 연결한 귀막이인 청광충이를 달아 늘였다. 또한 자주 끈 둘을 양 옆에 길게 내려 턱 밑에서 매고 늘어뜨릴 수 있도록 하였다.

Guryumyeon is the name of a crown worn by a king or his crown prince in *myeonbok*. The basic shape is identical with a *sibiryumyeon* crown but the number of the hanging strings as well as the number and the colors of the jade beads threaded on them are different. It is made by putting a silk-wrapped rectangular board on a black silk-wrapped, cylinder-shaped hat. The board has a round front and a flat rear and is covered with black silk on the top and red silk underneath. From the front and rear of the board dangle the strings of jade beads of five colors(red, white, blue, yellow and green). The body is girdled with three gold bands, has in the front a small, gold ornament with cloud pattern, and is fastened to the head with a *geumjamdo*(金簪導), a large stick-shaped gold hairpin. From each side hangs a *cheonggwang-chungyi*, a earflap-shaped jade ornament, and a purple string long enough to be tied under the chin and then swing loosely. The strings hanging from the crown and a pair of *cheonggwang-chungyis* imply that the king should avoid the quickness both in seeing and hearing.

의

衣 *Ui*, overcoat

　구장복은 십이장문 중 일·월·성신을 제외한 9개의 장문으로 장
식한 옷이라는 뜻에서 붙은 이름이며, 형태와 용도는 십이장복과 동
일하다. 의에는 용·산·화·화충·종이의 5장문을 그리고, 상에는
조·분미·보·불의 4장문을 수놓아 총 9장문이 된다.

　구장복의 '의'는 왕의 면복을 구성하는 가장 대표적인 겉옷이며
포이다. 이것 역시 '현의'라고도 하는데, 현재 2점의 유물이 남아있
다. 2002년에 창덕궁에서 본 구장복 유물은 현재 국립중앙박물관에
소장되어 있으며 고종이 착용하던 것이라 한다. 『국조오례의서례』에
의하면 구장복은 현색의 증(繒)으로 만들고 위에 5장문을 그린다고
되어 있다. 그러나 실제 남아있는 유물은 현색 사(紗)로 만들었으며
오장문 중 용문을 어깨에 그렸는데, 금색 비늘에 홍색으로 가장자리
에 갈기를 두른 형태이다. 산은 등에 그렸는데, 금색으로 외곽선을
긋고 그 안을 취옹색으로 채색하였다. 산·성신을 함께 그려 넣은 십
이장복 '의'와 달리 구장복에는 산(山)만 그려 넣었다. 양 소매 끝에
는 홍색으로 화 3개, 청·홍·남색으로 채색한 화충 3개, 녹청색의
종이 3개를 각각 그려 넣었다.

　이번에 복원한 구장복 '의'는 현색의 홑 순인갑사로 제작하였으
며, 치수는 현존하는 구장복 유물을 근거로 하였다. 길이 115cm로
입었을 때 '상'의 끝단이 보이는 정도이며 품은 46cm이고 길은 아
래로 갈수록 넓어진다. 바탕과 같은 천으로 붙인 깃의 폭은 10.5cm
이며, 동정은 폭 4.5cm에 백피 한지를 안에 넣고 소색명주로 싸서
달았다. 직배래이며 진동은 28cm이고 소매 너비는 65.5cm로 광수
이다. 무는 길에 붙여 마름질하였고 트임이 없으며 도련과 소맷부리
에 같은 천으로 폭 8.5cm의 선을 대었다. 양 겨드랑이에도 같은 천

으로 폭 16cm, 길이 18.5cm의 곁바대를 대었고 옥대를 끼울 수 있는 고리도 달았다. 고름은 폭 7cm에 길이는 82, 83cm이다. 십이장복과 마찬가지로 옷감의 올을 뽑아 바느질하여 육안으로 바늘땀이 거의 보이지 않는다. 『대한예전』에는 "의에 장문을 직성한다(衣玄色凡織六章)."고 되어 있으나, 현재 남아있는 면복 유물은 모두 장문을 손으로 직접 그려넣은 것이어서 그 모양과 위치에 의거하여 그렸다.

용문은 양 어깨에 각 1개씩, 산은 등에, 화·화충·종이는 각 3개씩 양 소매의 뒷면에 아래로 길게 그려 넣었다. 종이는 술잔을 뜻하는 '이준'에 호랑이와 원숭이를 각각 그려넣은 것인데, 호랑이가 그려진 이준은 소매 오른쪽에, 원숭이가 그려진 이준은 소매 왼쪽에 배치하였다. 이들 두 동물은 용맹과 엄격 그리고 지혜와 효심을 각각 상징한다.

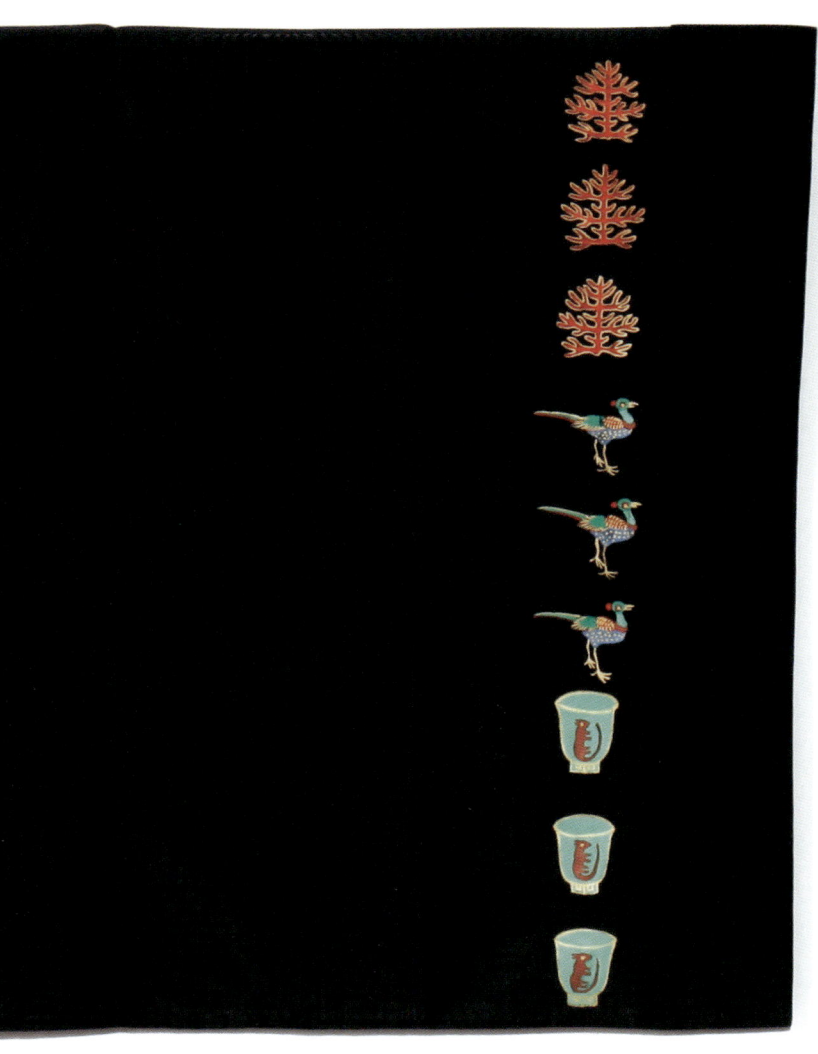

The *gujangbok* is a ceremonial dress decorated with the nine symbols with the exclusion of the three ones of *il*, *wol* and *seongsin* included in the *sibijangbok*. The former and the latter were similar both in shape and use, only except for the number of the embroidered symbols. The *ui* of the *gujangbok* had the five symbols, such as those of *yong*, *san*, *hwa*, *hwachung* and *jongyi*: *yong* symbol on each shoulder, *san* on the back, and *hwa*, *hwachung* and *jongyi* lengthwise on the sleeves. In particular, on the right sleeve is *jongyi* symbol with a tiger image, and on the left with a monkey: these two animals respectively represent sternness and valor, wisdom and filial piety. The remains of *myeonbok* show no traces of stitching or sewing, for the dress was sewn with threads drawn from the same fabric.

상
裳 *Sang*, ceremonial skirt

구장복의 '상'은 훈색 단으로 만드는데, 총 7폭을 둘(앞 3폭 · 뒤 4폭)로 나누고 이 둘의 윗부분만 연결하여 만든 형태이다. 너비는 앞 3폭이 58cm, 뒤 4폭이 87cm이고, 길이는 74cm이다. 위쪽에 일정하게 주름을 넣었으며, 허리에 길이 60cm의 끈을 달아 맬수 있게 하였다. 앞폭과 뒤폭 모두 양 옆과 아래에 검은색 단으로 너비 8cm의 선을 둘렀다. 장문은 앞폭에만 배치하였는데, '의'에 그려 넣은 5개의 장문을 제외한 조 · 분미 · 보 · 불을 각 2개씩 수놓아 좌우대칭이 되게 하였다. 이로써 총 9개의 장문을 이루어 구장복이 된다. '상'은 중단 위에 착용하고 그 위에 '의'를 입는다.

면복의 '상'은 유물이 남아 있지 않기 때문에 제관의 조복 유물을 풀어 고증하였고, 『국조오례의』와 『대한예전』의 치수를 참고하여 재현하였다.

The *sang* of the *gujangbok* is made of pinkish red *dan*. It is made by folding and sewing the upper ends of three pieces for the front and four pieces for the rear to a waistband which has a tying strap on each side. It is finished with black *dan* edging along both side and bottom. Decorative symbols are embroidered only on the front: each pair of the four symbols of *jo*, *bunmi*, *bo* and *bul* are arranged symmetrically lengthwise. The *sang* is worn over the *jungdan* and under the *ui*.

중단

中單 *Jungdan*, in-between coat

중단은 현의의 받침옷이다. 구장복의 중단에 대하여 『국조오례의서례』에 의하면 "백색의 증으로 만들고 깃·도련·소맷부리를 청색으로 두르며 깃에는 불문 11개를 그린다."고 되어 있다. 『대한예전』에서도 "구장복의 중단은 소색 사[素紗]로 만들고 깃·도련·소맷부리에 청색 연을 두르며, 깃에 불문 11개를 직성한다."고 하였다. 그러나 현존하는 구장복 중단 유물은 청색 사로 만들었으며, 깃·도련·소맷부리에는 청색이 아닌 흑색 연을 둘렀고, 깃에는 불문 11개를 금박하고 있다. 따라서 이번에 복원한 구장복 중단도 유물을 참고하여 청색 무문사로 제작하였다. 중단의 치수는 길이만 '의' 보다 단의 폭만큼 더 긴 123.5cm이고 나머지는 '의'와 동일하다. 곧은 깃이며 소매는 통이 넓은 광수이고 직배래이다. 십이장복과 마찬가지 근거로 흑색 고름을 달았다.

The *jungdan* of the *gujangbok* is almost identical with that of the *sibijangbok*, except that the former has eleven *bul* symbols imprinted in gold leaf on the collar. According to records, it is said to have been made of white *sa*, and decorated with blue cloth edging along the edges of collar, bottom and the ends of sleeves but the piece in the picture is restored in accordance with the present remain of the *gujangbok* that is made of plain blue *sa* and has black cloth edging, black tying strings, wide rectangular sleeves.

폐슬

蔽膝 *Pyeseul*, ceremonial apron

폐슬은 '상'의 색을 따라 훈색 단으로 만든다. 『대한예전』에는 치수가 기록되어 있지 않아 『국조오례의서례』를 해제하여 재현하였다. 길이 77cm에, 폭은 위 28.5cm, 아래 44cm로 밑으로 갈수록 넓어지는 형태이다. 폭 5cm의 검은색 라로 양 옆과 아래에 선을 둘렀고, 바탕과 선의 경계에는 적·청·황·흑·백색 견사로 짠 오색조대를 둘렀다. 『대한예전』의 도해에는 십이장복의 폐슬과 마찬가지로 위에 용문 두 개가 있고 그 아래에 산과 화를 배치하였는데, 기록에는 조·분미·보·불의 4장문을 바탕에 수놓는다고 되어 있어 이를 근거로 각각 2개씩 좌우대칭을 이루게 수놓았다. 폐슬의 윗부분에는 폭 8cm의 흰색 비단을 대었고, 그 위에는 대대에 걸 수 있도록 고리를 달았다.

The *pyeseul* in the picture is made of pinkish red *dan* because its color always follows that of a *sang*. The body is trimmed with five-colored ornamental braid and then surrounded by black *ra* edging. The four symbols of *jo*, *bunmi*, *bo* and *bul* are stitched symmetrically in the front. The *ryeong*, or a rectangular piece of white fabric is sewn to the top, over which again, wide loops are attached to be hung from a *daedae*.

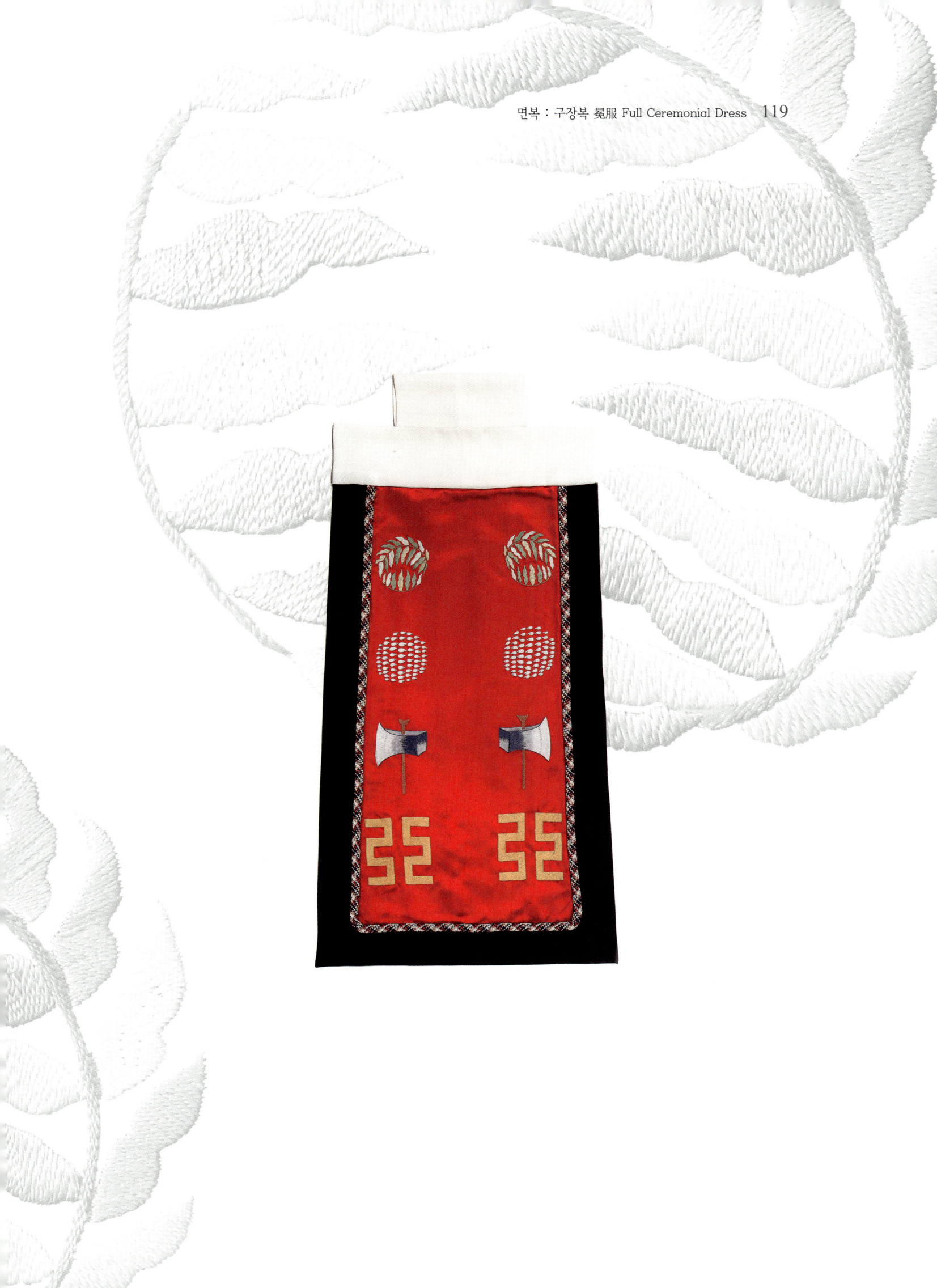

패옥

佩玉 *Paeok*, jade ornament suspended from each side

구장복의 패옥 역시 두 개를 한 쌍으로 하여 양 옆에 각각 1개씩 패용한다. 십이장복의 패옥과 형태는 유사하나 구장복의 패옥에는 문양을 새기지 않은 민옥판을 사용하였다. 패대는 훈색 견사로 짠 사망·망수·수술로 이루어졌으며 그 위에 같은 색의 견사(12사) 두 줄을 한 쌍으로 하는 소수 3쌍을 배치하고, 패옥을 늘였다. 소수 는 표·적·록의 3색을 사용하였으며, 패옥은 맨 위에 형, 그 아래 우 1개·거 2개, 충아 1개와 황 2개, 옥화와 옥적을 4단으로 배치 하고 백옥구슬로 연결하였다. 『대한예전』에는 십이장복과 구장복 의 패옥이 동일하게 그려져 있으나 황제와 왕의 예식이 다르므로 십이장복과 구장복 후수의 차이에 근거하여 패대는 같은 것으로 하고 그 위에 늘이는 소수의 색과 패옥의 배치를 달리하였다.

The *paeok* of the *gujangbok* is carried in a pair, one in each side. It is similar to that of the *sibijangbok* except for using plain jade plates. To prevent the hanging jade plates from being tangled, the *paedae* is laid on their back: a long, narrow piece of pinkish red silk made by sewing three parts together: *mangsu*(網綬), or a decorative piece of fabric closely woven in a checker pattern, *samang*(絲網), or an ornament made of delicate netting fabric, and *susul*, or fringe. Over the *paedae*, three pairs of light blue, red and green cords(*sosu*) are suspended and then again, four rows of jade plates inked to one another through strings of white jade beads.

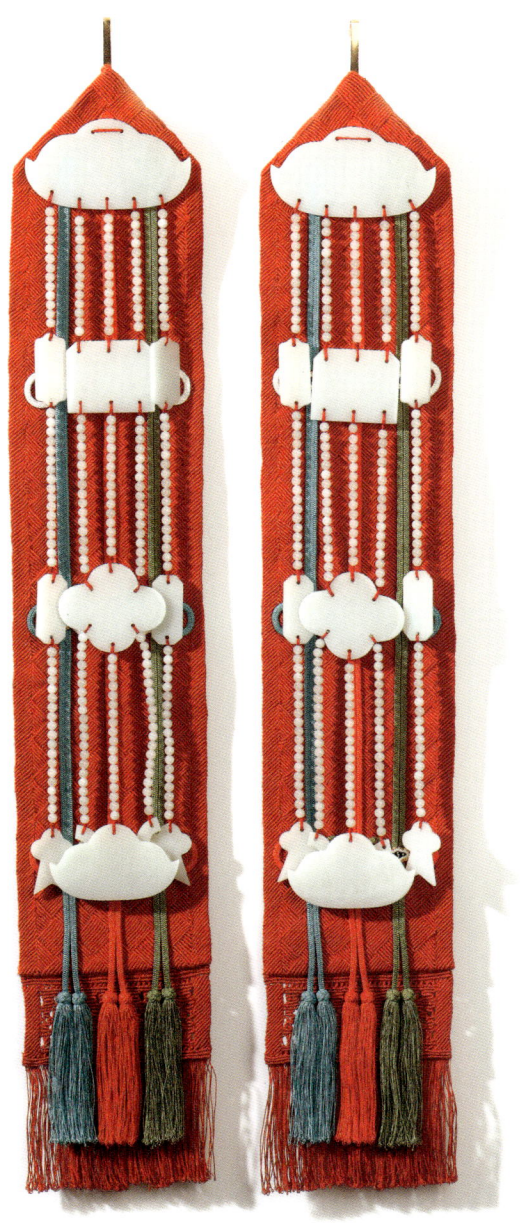

대대 · 후수

大帶 · 後綬
Daedae · Husu, cloth belt and back drapery

　구장복에 패용하는 대대 · 후수는 십이장복과 마찬가지로 대대와 후수가 붙어있는 형태이다. 대대의 허리에 두르는 부분은 홍색 비단으로 만들어 가장자리에 홍색 선을 둘렀고, 아래로 늘어뜨리는 부분은 흰색 비단으로 만들어 녹색 선을 둘렀으며, 양끝에는 청색의 끈을 달았다. 후수는 망수로 짠 훈색 바탕을 3등분하여 그 위에 표 · 적 · 녹색 소수 3쌍을 세로로 늘였다. 곡고문양은 바탕 상단에 2행, 하단에 1행으로 나누어 배치하고, 그 중간에 용 문양이 새겨진 옥환 2개를 소수 위에 달았다. 곡고문양 위에 꽃수를 달아 장식하였다. 십이장복의 대대 · 후수보다 문양이나 색채를 간결하게 사용하고 있다.

　These are *daedae* and *husu* worn with the *gujangbok,* which are also sewn together like that of the *sibijangbok.* The *daedae* consists of a red silk cloth belt and two long white silk straps hanging from both sides. The former is decorated with red edging tape and the latter with green. Blue strings are attached to the ends of the belt. The *husu* is made by connecting three pieces of *mansu,* or decorative fabric closely woven in a checker pattern, on which light blue, red and green braids are suspended and three rows of silk threaded loops and two jade rings carved with dragon symbol are attached in a well-balanced way.

익종의 대대 · 후수 · 패옥
翼宗 大帶 · 後綏 · 佩玉 *King Ikjong's Daedae · Husu · Paeok*

익종은 조선 24대 왕인 헌종의 아버지[父]이다. 익종의 후수는 불에 타 일부만 남은 익종 어진(翼宗御眞, 30쪽 그림 참조)을 근거로 2006년에 재현한 것이다. 다른 것들과 마찬가지로 대대와 후수가 연결되어 있는 형태이다. 대대는 앞의 것과 동일한데, 후수는 훈색 바탕에 색색의 곡고문양과 소수를 늘이던 것과 달리 바탕 전체를 적 · 록 · 황 · 흑 · 청의 오채(五彩)를 반복 사용하여 기러기무늬로 짜고, 그 아래 망수와 수술도 같은 색으로 늘였다. 소수 없이 바탕 윗부분에 옥환만을 달아 매우 단순하면서도 고귀한 위엄을 표현하였다.

패옥도 후수와 동일한 패대 위에 달았다. 패대 위에 드려진 패옥은 얇은 옥판 위에 용 문양을 새겼으며, 첫 번째 단에는 형, 두 번째 단에는 1개의 우와 2개의 거, 세 번째 단에는 1개의 충아와 2개의 황, 마지막 단에는 옥화와 옥적의 4단으로 구성하였다.

King Ikjong's *husu* was reconstructed based on his portrait(see page 30) which had been partially burned. While his *daedae* is the same with that of the *gujangbok*, his *husu*, unlike other *gujangbok's* ones which suspended silk threaded loops and cords(*sosus*) in various colors, is composed of wedge-shaped fabric woven with five different colored threads(red, green, yellow, black and blue), *mangsu*, or a decorative piece of fabric closely woven in a checker pattern and *susul*, or fringe in the five colors. By decorating the top of the fabric body only with jade rings, not *sosus*, it emphasizes extremely simple but noble dignity.

King Ikjong's *paeok* is placed over the *paedae*, or a long narrow piece of wedge-shaped fabric woven with five different colored threads like his *husu*. *Paeoks*, or thin jade plates engraved with dragon symbol, are composed of *hyeong*, *geo* and *woo*, *cheungah*, *hwang* and *okjeok*.

석

舃 *Seok,* ceremonial shoes

구장복을 착용할 때에도 적석을 신는데, 십이장복의 것과 형태는 같으나 색이 다르다. 겉은 적색 비단으로 하고 안은 흰색 비단으로 하였으며 뒤꿈치 위쪽과 신울의 중간 양쪽에 흰 천으로 고리를 달고, 여기에 붉은색 천으로 만든 끈을 꿰어 발에 맬 수 있게 하였다. 신울에는 청색 끈으로 '연' 을 둘렀으며 청색 사화 2개를 신코에 달았다.

The *gujanbok*'s ceremonial shoes are the red *seok* with the same shape as those of the *sibijangbok* but different color. The exterior is wrapped with red silk, and the interior with white silk. Red cloth strap passes through the white cloth loops affixed above the heel and to both centers of the rim, in order to be tied to the ankles. *Yeon* made of blue braid runs along the edge, and a pair of blue tassels are placed on the toecap.

圭 *Gyu*, scepter

납작한 민옥판으로 만든 백옥규이다. 끝이 뾰족하고 위로 갈수록 폭이 좁아지는 등 십이장복을 착용할 때 드는 규와 형태 및 크기가 동일하다. 다만, 십이장복과 달리 규 아랫부분을 감싸는 협규대로 홍색 단을 사용하였다. 이는 황색은 황제를 상징하고, 홍색은 왕을 상징하는 색으로 인식되었기 때문일 것이다.

This scepter is a *baekok-gyu*, made of plain white jade plate. It is held with the *gujangbok* and has the same shape and size as that carried with the *sibijangbok*, like a pointed top, a narrower width toward the upper side and so on. The only difference lies in *hyeopgyudae*, or the cloth wrapping the lower part of it: the former's is made of red *dan*, but the latter yellow silk. This is because it was believed that yellow represented an emperor and red a king.

조복(朝服)은 '수배신조현지복(受陪臣朝見之服)'이라 하여 왕이 신하들의 조현(朝見)을 받을 때, 음력 초하루와 보름, 조강(朝降), 조강(詔講), 진표(進表)에 착용하는 예복으로서 면복 다음으로 격을 갖춘 옷이다. 조복은 통천관복 또는 원유관복이라고도 한다. 조복의 구성은 통천관 혹은 원유관을 쓰고 강사포, 상, 중단을 입고 폐슬, 패옥, 대대와 후수, 옥대를 차며 규를 들고 백말에 흑화(黑靴)를 신는다. 착장 순서는 면복과 동일하지만 흰 버선에 검은 화를 신는 것이 다르다. 패옥, 옥대, 규는 구장복과 동제(同制)이다. 조선시대 왕은 원유관복을 입었고, 대한제국 황제는 면복의 십이장복에 준하는 통천관복을 착용하였다.

조복

朝服

Jobok

Formal Dress

- 통천관 通天冠 *Tongcheongwan*
- 강사포 絳紗袍 *Gangsapo*
- 상 裳 *Sang*
- 중단 中單 *Jungdan*
- 폐슬 蔽膝 *Pyeseul*
- 패옥 佩玉 *Paeok*
- 대대 大帶 *Daedae*
- 후수 後綬 *Husu*
- 옥대 玉帶 *Okdae*
- 말 襪 *Mal*
- 화 靴 *Hwa*
- 규 圭 *Gyu*

The king's *jobok*, a formal dress that is a little less formal than *myeonbok*, was worn in special occasions like a royal audience. It includes *tongcheongwan* or *wonyugwan* as a crown, *gangsapo*, *sang* and *jungdan* as outer garments, *okdae*, *daedae*, *husu*, *pyeseul* and *paeok* as belts and their adornments and white *mal* and black *hwa* as socks and shoes. *Wonyugwanbok* was for a king in the Joseon dynasty, and *tongcheongwanbok* an emperor of the Daehan Empire.

통천관

通天冠 *Tongcheongwan*, tongcheon crown

　　통천관은 고종황제가 조복차림에 쓰던 관이다. 『속한서(續漢書)』「여복지」에서는 "높이 9치로 앞이 솟아올라 있고 위에서 뒤로 약간 경사지다가 뒤쪽은 곧바로 내려 닫는데, 철선(鐵線)을 구부려 양관(梁冠)을 만들었으며, 관 앞면에는 규각형의 산술을 장식하였고 뿔처럼 튀어나온 전통(展筒)이 있다."고 하였으며, "잠도의 기록은 없으나 윽이나 서잠도(犀簪導)를 하였고, 송대에 관의 형례(形例)는 그대로이나 명칭은 승천관(承天冠)으로 개명되었다."고 하였다. 통천관의 명칭에 대한 내용은 『남재서(南齋書)』「여복지」에서 살펴볼 수 있다. 원래 통천관의 잠도로 박서잠도(駮犀簪導)를 사용하였는데, 이 박서는 "모태

(母胎)에 있는 동안에 천공(天空)의 현상에 감통(感通)하여 그 뿔에 특수하고 아름다운 박리(駮理)가 발생한다."고 하여 통천서(通天犀)라고 하였으며, 이 서각(犀角)을 잠도에 사용한데서 관을 통천관으로 칭했다고 하였다. 또한 『당서』 「여복지」에는 "실을 꼬아 두른 것을 '회(繪)'라 하고, 회와 회 사이를 '양(梁)'이라 하는데, 통천관에는 12량에 12수의 부선(附蟬)이 있고 각 양마다 5색 구슬(황·적·록·백·흑)을 12주씩 꿰어 장식한다. 관에 옥잠을 꽂아 주영을 달고 관신 양 옆에는 붉은 끈[朱組]을 달아 턱 밑에서 매듭을 묶어 관을 고정시킨다."고 하였다. 조선시대의 원유관에 대해서 『국조오례의서례』 「관복도설」에는 "현색 비단[羅]으로 만들고 9량이며 금잠(金簪)을 꽂았다. 황·창·백·주·흑의 5채옥을 전후 9옥씩 18옥 장식을 하였으며, 양방(兩旁)에 두 줄의 붉은색 끈이 있어 턱 밑에서 맺고 나머지는 늘어뜨렸다."라고 씌어 있다. 원유관과 통천관은 그 모양이 유사하지만 원유관은 9량(162옥), 통천관은 12량(216옥)인 점이 다르며, 통천관에 있는 산술을 원유관에는 달지 않는다. 이는 마치 십이류면과 구류면의 관계와 유사하다. 그 외 왕세자는 8량(144옥), 왕세손은 7량(126옥)으로 각 양마다 옥의 개수가 18개씩 차이난다. 이 관은 고종황제가 쓰던 통천관을 복원한 것으로 전체 높이는 23cm이고, 모부 폭 21cm에 오채옥이 달린 관의 상부 폭은 33cm이다. 관의 겉을 검은 비단으로 싸고 12줄의 양과 부선을 내었다. 양마다 5채옥을 붙이고 선마다 검은색 사로 매듭을 꼬아 길게 한 줄로 붙였으며, 옥잠도를 꽂고 청광충이를 연결하였다. 이변(耳邊)에는 밀화와 술을 단 홍조영(紅組纓)을 길게 늘였다.

The *tongcheongwan* is the emperor's crown worn with *jobok*. The one in the picture is a restoration of Emperor Gojong's *tongcheongwan*, covered with black silk and decorated with twelve strings of jade beads of five colors(yellow, red, green, black and white) and another twelve cords made by black silk knots. It is fastened to the head with an *okjamdo*, or a large stick-shaped jade hairpin, and has a pair of *cheonggwang-chungyis*, or earflap-shaped jade ornaments, and of *hongjoyeongs*, purple crown strings, hanging from each side. Adorned with amber beads and tassels at the ends, these crown strings are tied under the chin and then swing loosely. The *wonyugwan* looks the same as the *tongcheongwan* but has only nine bead strings and cords as in the relationship between *sibiryumyeon* and *guryumyeon*. But a king's crown prince wears a *wonyugwan* with the eight strings and cords, and the eldest grandson of a king one with the seven strings and cords.

강사포

絳紗袍 *Gangsapo*, overcoat

　강사포는 윗옷인 '의'와 아래옷인 '상'을 강색(絳色)의 비단[紗‧羅]으로 만들었다고 해서 붙은 이름이다. 면복의 '의'에 해당하는 조복의 포(袍)로 면복과 제도는 동일하나 장문(章紋)이 없다. 강색에 대하여 『고려사』 「여복지」에는 "강은 한번 물들인 것"이라고 되어 있고, 『본초강목(本草綱目)』에는 "소방목(蘇枋木)으로 물들인 것"이라고 되어 있다. 『국조오례의』에서는 "조복의 '의'는 강라(絳羅)로 한다."고 하였으며, 『대한예전』 「관복도설」 중 황제 통천관복의 강사포는 "깃‧도련‧소맷부리에 강색 선을 두른다."라고 기록되어 있다.

　이 강사포는 강라로 만든 홑옷이며, 치수는 고종황제의 것에 맞추었으므로 면복의 '의'와 동일하다. 길이는 115cm이고 품은 46cm이며 길은 아래로 갈수록 넓어진다. 무는 길에 붙여 마름질하였고 트임이 없다. 깃 너비는 10.5cm이고, 여기에 폭 4cm의 소색 동정을 달았다. 도련‧소맷부리에 동일한 천으로 폭 8.5cm의 선을 둘렀다. 소매는 직배래에 소매 너비 65.5cm로 통이 넓은 광수이다. 양 겨드랑이에 같은 천으로 앞뒤 2개씩 곁바대를 달았고 옥대를 끼울 수 있는 띠고리도 달았다. 면복의 '의'와 마찬가지로 문헌이나 도설과는 달리 고름과 동정을 달았는데, 이것은 당시의 풍습에 따른 것이다. 고름은 바탕 천과 같은 강색 라로 만들었으며 폭은 7cm, 길이는 82cm와 83cm이다.

The *gangsapo* was named such because of its color, *gang*, or dark red. Though looking similar to the *myeonbok*'s *ui*, it does not have the ornamental symbols. Made of a single layer of *sa*, this widens toward the end and has no slits. It is decorated with cloth edging along the collar, bottom and the ends of sleeves which are wide and rectangular.

Cloth loops are attached to the armpit in order to retain an *okdae* in position, and the armpits are lined with *gyeotbadaes*. Unlike those in literature or old illustrations, the piece in the picture has tying strings and collar strip like the *myeonbok*'s *ui*, which is based on the customs of those days.

상
裳 *Sang*, ceremonial skirt

조복의 '상'은 강라로 만든다. 『대한예전』에 의하면 면복의 십이장복과 의제(衣制)가 같지만, 조복의 '의'와 마찬가지로 장문을 수놓지 않는다. 붉은 색 선을 댄 백라중단(白羅中單)을 입고 이것을 허리에 두른 후 강사포를 착용한다.

조복의 '상'은 앞 3폭·뒤 4폭, 총 7폭을 이어 붙여 허리에 달고 주름을 잡았다. '상'의 너비가 290cm이고 길이는 84cm이다. 허리 부분은 길이 100cm에 폭이 8cm이며 양 옆에 허리끈을 달아 묶을 수 있게 만들었다.

The *jobok*'s *sang* is made of *gangra*, or dark red *ra*. According to *Daehan Yejeon*, it looks identical with that of the *sibijangbok* but has no ornamental symbols. It is worn over a white *ra jungdan* and under a *gangsapo*. The upper ends of three pieces for the front and the four pieces for the rear, are folded and sewn together to a waistband, to which strings are attached.

중단

中單 *Jungdan*, in-between coat

조복의 중단은 백초(白綃)·백라·백사(白紗)로 만들고 깃·도련·소맷부리에 붉은 연을 두른다. 통천관복의 중단에는 황제를 상징하는 13개의 불문을 금박하고, 원유관복의 중단에는 왕과 황태자를 의미하는 불문 11개를 그린다. 왕세자의 것은 불문이 9개, 왕세손의 것은 7개이다. 『대한예전』에는 "중단은 소사로 만든 심의(深衣)이고 깃·도련·소맷부리에 홍영(紅領)을 둘렀으며, 깃에 불문 13개를 짜 넣었다."라고 씌어 있다.

이 중단은 『대한예전』을 참고하여 재현한 것으로서 백라로 만들었으며, 크기나 구성은 면복의 중단과 동일하다. 얇은 홑옷이므로 어깨와 겨드랑이에 바대를 덧붙여 닳거나 터지는 것을 방지하였다. 깃에는 폭 10.5cm, 도련과 소맷부리에는 8.5cm의 홍색 연을 둘렀으며, 깃에 두른 홍영에는 13개의 불문을 금박하였다.

The *jobok*'s *jungdan* is also similar to that of *myeongbok*. It is made of white *ra* and has red cloth edging along the collar, bottom and the ends of sleeves. And the collar is decorated with *bul* symbols imprinted in gold leaf; *tongcheongwanbok*'s *jungdan* has thirteen, *wonyugwanbok*'s eleven, the crown prince's nine, and the eldest son of a king's seven. Since the *jungdan* is a thin, single-layered garment, the areas over the shoulders and under the armpits are padded to strengthen it.

폐슬
蔽膝 *Pyeseul,* ceremonial apron

　조복의 폐슬에는 면복의 것과는 달리 장문이 없다. 『대한예전』에
서는 "조복의 폐슬은 '상'과 같은 색이고 가장자리에 선을 둘렀으며
옥구(玉鉤) 2개가 있다."라고 하였다. 기록에 따라 '상'과 같은 강라
로 만들었는데, 기본 형태는 면복의 폐슬과 동일하다. 길이는 77cm
이고 너비는 위 28.5cm, 아래 44cm이며, 상단을 제외한 좌우하단
에 바탕과 동일한 강색 라로 폭 5cm의 선을 대고 그 위에 오색조대
를 둘렀다. 윗부분에는 '상'의 허리와 같이 소색으로 단을 대고 대대
에 걸 수 있는 고리 3개를 달았다.

　The *jobok*'s *pyeseul* has no decorative symbols unlike that of
myeonbok. It is made of dark red *ra*, and has cloth edging of 5cm wide
on both sides and bottom, between which five-colored ornamental
braid (in red, blue, yellow, black and white) is fixed. On the top of the
body is attached another edging of white silk, which has three loops
overhead to be suspended from a *daedae*.

대대 · 후수

大帶 · 後綬
Daedae · Husu, cloth belt and back drapery

강사포에 패용한 대대 · 후수이다. 면복의 것과 마찬가지로 대대와 후수가 부착되어 있는 형태인데 너비 70cm, 길이 84cm이며 견사 · 공단 · 옥으로 만들었고 끈 길이는 80cm이다. 대대의 허리부분은 백색 무문단으로 만들고 둘레에 붉은색 선을 둘렀다. 아래로 늘어뜨린 부분은 청색 무문단에 술을 달았다. 후수의 바탕은 훈색 견사로 망수를 짜고 그 아래에는 7cm의 사망과 16cm의 수술을 늘였다. 조복의 후수에는 적 · 백 · 표 · 록의 4가지 색[四彩]을 사용하도록 하였으며, 표 · 적 · 녹색으로 소수를 늘였다. 소수 위에 3행의 곡고문양을 배치하고, 그 위에 각각 3개의 꽃수를 달았으며, 2행과 3행 사이에 용 문양 옥환 2개를 달았다. 이 후수의 기본 형태는 구장복에 패용한 것과 동일하나, 면복의 후수에 비해 소수의 길이가 짧고 바탕 위와 아래에 자수를 덧대어 동양적인 비례미를 구현하였다. 이로써 풍요로움과 안정감을 표현하고 있다.

This combination of *daedae* and *husu* is made of silk thread, silk satin, and jade. Four colors of red, white, light blue, and green are used in the *husu* and three colors of light blue, red and green in the *sosu.* Above the *sosus* are affixed silk threaded loops, above which again, flower embroideries and two jade rings carved with dragon are placed. The basic shape of this *husu* is identical with that of the *gujangbok* but the former has shorter *sosus* than the latter and embodies the oriental beauty of proportion through the embroideries on both top and bottom of the fabric body, which also help to provide the sense of richness and stability.

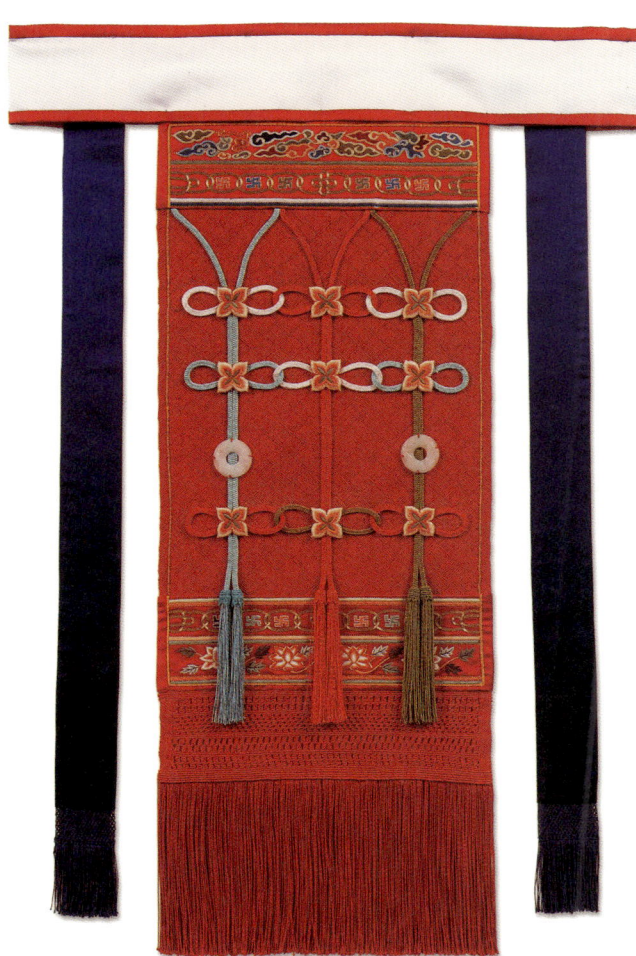

말
襪 *Mal*, socks

백말은 흰색 버선이다. 우리나라는 추운 기후이므로 삼국시대 이전부터 버선을 신었다고 추정하는데, 형태에 따라 곧은 버선과 누인 버선이 있으며, 만드는 방법에 따라 홑버선 · 겹버선 · 솜버선 · 누비버선이 있다. 또한 누비를 한 후 각종 수를 놓아 아름답게 꾸민 어린이용 버선으로 타래버선과 오목버선이 있다. 일반적으로는 버선이 벗겨지는 것을 막기 위해 발목에 대님을 만들어 달았으나 왕실에서는 버선 뒤축에 끈을 달아 앞으로 맬 수 있게 하였다. 백말은 가장 일반적으로 통용된 것이자, 왕이 조복의 '화'나 평상복의 '혜'와 함께 신은 것이며, 백관(百官)의 조복 · 제복에도 이것을 신었는데 특별히 품계에 따라 구분을 두지는 않았다. 『대한예전』에는 조복의 말이 면복과 동제라 씌어 있으나 이는 『대명회전』을 참고하면서 명의 제도를 그대로 따랐던 것이라 생각하며, 국속화된 대한제국에서는 조복에 백말을 신었을 것으로 추정한다. 이 백말은 백색모란문단[白色牡丹紋緞]을 사용하여 만든 것이며 크기와 형태는 면복의 적말과 동일하다.

The *baekmal* are the white *beoseon*, or the traditional Korean socks. It is assumed that the *mal* have been worn before the Korean Three Kingdoms period. There are several kinds of *beoseons* such as *hot-beoseon*, *gyeop-beoseon* and *nubi-beoseon* according as they are single- or double-layered, or quilted. They are generally fastened to the calf by tying together the *daenim* around the ankle of the trousers, but in the royal family, have a string on the back to be fastened in the front. The *baekmal* were not only used most commonly but also worn with the *jobok*'s *hwa* or the *pyeonsangbok*'s *hye* by a king. The piece in the picture is made of white *dan* with peony pattern.

화

靴 *Hwa*, boots-shaped shoes

　왕은 조복차림에 흑화를 신었다. 화는 장화처럼 신목이 높아 방한(防寒)·방습(防濕)에 알맞은 신이다. 이러한 형태는 북방계 민족에서 유래한 것으로, 시대를 거치면서 재료에 따른 명칭과 장식적 차이가 생겨났을 뿐 형태면에서는 큰 차이를 보이지 않는다. 종류로는 흑피화, 목화, 협금화, 수화자, 백피화(白皮靴), 오피화(烏皮靴) 등이 있으며, 조선시대에 화는 높은 계층에서 착용하는 고급 신이었다. 특히 왕의 화는 문무백관들이 관복에 신던 목화보다 신목이 더 높고 가장자리·신코·신등에 붉은 선을 둘렀다. 중국의 당·송·명대에는 조복차림에 흑석(黑舃)을 신었으나 조선 세종 때 중국으로부터 사여받은 조복 일습에는 면복제와 동일한 적석이 포함되어 있었다고 하며, 『세종실록』에는 "이 석의 색에 대한 의문이 생겨 조정에서 논의 한 후 흑석을 신기로 했다."는 기록이 있다. 『대한예전』에도 "면복과 동일한 석을 신는다."는 설명이 있지만, 이것 역시 명나라의 제도를 그대로 따랐던 것이며, 1897년 『예복(禮服)』에는 "조복에 흑화를 신었다."고 되어 있다. 이러한 사항은 고종의 어진(32쪽 그림 참조)을 통해 서로 확인할 수 있다. 왕의 흑화는 문무백관의 목화(木靴)보다 목이 높고 신 자체도 두터우며 신목 끝단도 넓게 두른 것이다. 일반 목화의 신목 끝은 직선인 반면, 왕의 흑화는 그 끝을 곡선으로 굴린다. 전체적으로 붉은 색의 선을 대어 장식하였는데, 이는 왕을 상징하는 색을 사용한 것이며 고종 어진에는 흰색 선을 두른 화를 신고 있으나 조선시대에는 목화의 형태와 장식에 관한 뚜렷한 규정이나 제도가 없었다는 점에 비추어 왕을 상징하는 붉은 선을 대어 장식하였다. 또한 신목에 1줄, 신등에 2줄의 붉은 선을 둘렀으며 양쪽 가죽이 맞닿은 부분에도 붉은 선 장식을 하였다.

The *heukhwa*, or black, ceremonial shoes are worn with king's *jobok*. They were expensive, boots-shaped, cold- and water-resistant shoes favored by high class people in the Joseon dynasty. The king's ones were higher and thicker than officials' *mokhwa*(木靴), decorated with red cloth edging along the seams, toecaps, and insteps and a wider one along the top edge.

상복(常服)은 왕과 문무백관의 집무복으로, 시사복(視事服) 또는 시무복(視務服)이라고도 한다. 관·포·대·화·보(補)로 구성되며, 신분에 따라 관과 포를 달리하였다. 왕과 왕세자는 익선관(翼善冠)에 곤룡포(袞龍袍)를 착용했고, 백관은 사모(紗帽)에 단령(團領)을 입었다. 왕의 상복인 곤룡포에는 왕을 상징하는 용보(龍補)를 앞·뒤·양 어깨에 각각 1개씩 총 4개를 달고, 백관의 단령에는 흉배(胸背)를 달았다. 조선시대 왕의 상복 구성과 변화에 관해서는 『조선왕조실록(朝鮮王朝實錄)』, 『국조속오례의』, 『증보문헌비고(增補文獻備考)』 등을 통해 파악할 수 있다. 세종 시기에는 향조추사익선관(香皁皺紗翼善冠)에 사조룡이 직성된 홍룡포(紅龍袍)를 입었으며 옥대를 차고 조록피화(皁鹿皮靴)를 신었다. 영조대에는 모라익선관(毛羅翼善冠)에 대홍단(大紅緞)과 대홍사(大紅紗)로 만든 오조룡보를 단 곤룡포를 입었으며 옥대를 차고 조록피화나 흑칠피화(黑桼皮靴)를 신었다. 1897년(고종 34)에는 황제의 상복으로 정전저후고오사모(頂前低後高烏紗帽)에 금직반룡보(金織盤龍補)를 단 황색 반령착수포를 입고 옥대를 차며 신발은 여름에는 흑칠피화, 겨울에는 흑궤자피화(黑麂子皮靴)를 신었다. 조선시대 왕은 국사를 처리하기 위해 대부분의 시간을 편전에서 지냈기 때문에 여러 가지 왕의 복식 중에서도 상복인 익선관복을 가장 많이 착용하였다.

| | 조선왕조실록(세종) | 국조속오례의(영조) | | 증보문헌비고(고종) | |
	왕	왕	왕세자	황제	황태자
관	향조추사익선관	모라익선관	모라익선관	정전저후고오사모	오사절각향상건(烏紗折角向上巾)
포	홍색	대홍단, 대홍사	흑단, 흑사	황색 반령착수	적색 반령착수
대	옥대	옥대, 대홍단으로 싼다	옥대(조각하지 않은 옥) 흑단으로 싼다	옥 사용	옥 사용
화	조록피화	조록피화, 흑칠피화	조록피화, 흑칠피화	가죽 사용	가죽 사용
보	4조룡	5조룡	4조룡	금직반룡(金織盤龍)	금직반룡

常服
Sangbok
Ordinary Business Dress

상복

- 익선관 翼善冠 *Ikseongwan*
- 곤룡포 袞龍袍 *Gollyongpo*
- 옥대 玉帶 *Okdae*
- 말 襪 *Mal*
- 화 靴 *Hwa*

Sangbok is the ordinary business wear of kings and governmental officials, which is composed of crown(冠), overcoats(袍), belts(帶), shoes(靴) and special embroidered insignias(補). The crowns and insignias differed according to the wearer's position: a king and his crown prince wore an *ikseongwan* crown and a *gollyongpo* robe with the dragon insignia, and governmental officials a black silk *samo* crown, and a *dalryeong* robe with the insignia. *Ikseongwanbok* was designed for the occasions such as when a king undertook the administrative business, received royal edicts and rescripts from foreign powers, or selected or appointed officials. The wearer put on a *jeogori* and a *baji* as lower garments and a *juui* as a upper one, and then a *gollyongpo*, and then an *okdae* around the waist, and then an *ikseongwan* crown, and lastly, *heukhwa* shoes. *Ikseongwanbok* was a king's most common dress.

익선관

翼善冠 *Ikseongwan, ikseon crown*

익선관은 왕과 왕세자가 상복을 입을 때 쓰던 관이다. 복두(幞頭)에서 연유한 것으로, 『당서』「거복지」에 의하면, 북주(北周)에서 복두를 만들어 무인(武人)에게 사용하게 했던 것을 당태종(唐太宗)이 보고 익선관으로 만들고 당관(唐冠)이라 했다 한다. 또한 그것을 송대에는 절상건(折上巾)이라 하였으며 명대에 이르러 익선관이라 하였다. 중국에서는 황제가 익선관으로 오사절각향상건을 착용했으며, 우리나라에는 1444년(세종 26)에 사

여상복에 포함된 익선관을 사용하였다는 기록이 남아 있다. 『국조오
례의서례』「상복도설」에서는 "모라로 싸고 양대각(兩大角) 위에 양소
각(兩小角)을 첨부하여 향상(向上)시킨 것"이라 하였고, 『국조속오례
의보서례』에는 "관의 모양이 사모와 비슷하고 모라로 싸서 후두(後
頭)에는 양각을 곧게 꽂았다."고 기록되어 있다. 『대한예전』「관복도
설(冠服圖說)」에는 "오사(烏紗)로 쌌는데 정(頂)이 앞은 낮고 뒤는 높
으며 양각이 절상(折上)하여 약간 정외(頂外)로 나왔다."고 씌어 있
다. 관의 모양은 신하가 쓰는 사모와 유사하지만 신하의 것은 사모의
각이 땅을 향하고 있는데 반해 왕과 왕세자가 착용한 익선관의 각은
하늘을 향해 있다. 이는 왕의 지존(至尊)을 상징하기 위함이다. 익선
관은 자주색(紫朱色), 북청색(北靑色), 흑색(黑色)의 사 또는 라로 겉
을 싸서 만들었으며 상중(喪中)에는 흑색을 사용하였다.

　이 익선관은 국립중앙박물관에서 본 고종의 자주색 모라익선관을
복원한 것으로 정(頂)은 앞이 낮고 뒤가 높게 턱진 2층 모양이다. 모
부(帽部)는 지름 19cm에 높이 20cm이며 가죽에 옻칠을 한 후 자색
사(紫色紗)를 덮었다. 관 뒤에 매미 날개 모양의 이중 각을 붙였는데,
가는 금속으로 형체를 만들고 같은 천을 붙인 양대각 위에 양소각을
첨부하여 위를 향해[折角向上] 솟아있도록 부착하였다. 모부의 중앙
에는 자색견사(紫色絹紗) 두 가닥을 굵게 꼬아 붙여 장식하였다.

　The *ikseongwan* is a crown put on with the king's and his crown
prince's *sangbok*, covered with purple, deep blue and black *ra*. The
front part is lower than the back, between the border of which twisted
purple silk cord is tightly placed. Distinctively, this crown has the
cicada wing-shaped *yanggak* attached to the top back part, which rise
upwards, symbolizing his Majesty the King, while those of government
official's *samo* turn downward.

곤룡포

袞龍袍 *Gollyongpo*, dragon robe

　곤룡포는 왕의 상징인 용이 있는 포를 말한다. 허신의 『설문해자』에 의하면 '곤(袞)'은 고대 천자의 복식을 뜻하는 글자이다. 또한 『주례』에 '곤룡(袞龍)'이란 단어가 나오는데 이 역시 천자의 옷을 의미한다. 여기에 겉에 입는 옷을 말하는 '포(袍)'를 붙여 곤룡포가 되었고, 이를 다시 줄여서 용포(龍袍)라고도 불렀다. 현대 자전에서는 '곤'을 곤룡포를 뜻하는 글자로 설명하고 있다. 곤룡포는 왕이 정사(政事)를 볼 때, 외국 황제의 조칙서(詔勅書)를 받을 때, 문·무과 전시의(殿試儀), 생원방방의(生員放榜儀)와 같이 관리를 뽑고 입명하는 의식에 착용하였다. 황룡포(黃龍袍)·홍룡포(紅龍袍)·흑룡포(黑龍袍)·청룡포(靑龍袍) 등으로 구분하는데, 이들은 착용하는 사람의 신분에 따라 포의 색과 부착한 보에 차이를 둔 것이다.

　우리나라에서 곤룡포를 착용한 것은 고려시대부터인데, 『고려도경(高麗圖經)』에 "왕이 상복으로 소매가 좁은 담황색 포를 입었다."고 기록되어 있는 것으로 보아 이때에는 황제의 복식인 황룡포를 착용하였음을 알 수 있다. 왕이 상복으로 홍룡포를 입은 것은 조선 세종(世宗) 때부터이다. 1444년(세종 26)에 중국으로부터 사여받았는데, 이후에는 완성된 곤룡포 자체를 받기도 하고 옷감을 받아 국내에서 제작하여 입기도 하였다. 『국조오례의』에 의하면 왕세자는 서연복으로, 왕세손은 강서복으로 곤룡포를 입는데, 왕은 발톱이 다섯 개 달린 오조룡을 수놓은 둥근보[五爪龍圓補]를 부착한 홍룡포를 입고, 왕세자는 사조룡원보(四爪龍圓補)가 달린 흑룡포를 착용하며, 왕세손은 삼조룡을 수놓은 방형보[三爪龍方補]가 달린 흑룡포를 입는다고 하였다. 홍룡포에 관련한 사항이 제도로 정립된 것은 1744년에 완성된 『국조속오례의』에서이다. 『국조속오예의보』에서는 "곤룡포는 대홍단으로 만들고 여름용은 대홍사로 만들며 포의 앞·뒤·양 어깨에 금오조룡원보를 붙인다."고 하였다. 1897년 대한제국을 선포하면서 고종은 황제의 상복인 반령착수(盤

領窄袖)의 황룡포를 입었다. 황색은 황제를 표시하는 색으로 옛날부터 방위(方位)의 중심을 상징하는 색이다. 한편 왕의 상복은 때에 따라 융복(戎服)의 역할을 해야했기 때문에 국난(國難)이 있을 때에는 철릭[帖裏]과 답호를 입고 그 위에 곤룡포를 입었다고 한다. 이는 유사시 포를 벗고 융사(戎事)에 나갈 수 있게 한 편리한 복장이었다.

조선 초기의 곤룡포는 깃이 둥근 단령(團領)이고 무가 없이 옆이 트였다. 후기에는 옷깃이 많이 파이고 소매가 넓어졌다. 대한제국 시기에는 깃의 파임이 작아지고 소매가 좁아지며 중기부터 나타나기 시작한 무가 더 넓어졌다. 이 무의 양쪽 여분을 뒤로 접어 넘겼으므로 옆트임이 아닌 뒤트임이 생겼다. 조선 초기에는 용 문양을 옷감 위에 직조하였으나, 이후에는 용 문양을 수놓은 보[龍補]를 따로 부착하였다. 특히 대한제국 시기에는 용보의 크기가 작아졌다.

Gollyongpo is also called *yongpo*. It is made of yellow, red, and black *sa* or *dan* differently according to the royal title. Particularly, this robe has the *yongbo* insignias on the breast, the back and the shoulders. The insignia is a golden embroidery of dragon, the symbol of an emperor or a king, and the number of dragon's toes indicates the wearer's rank in the royal house: an emperor wore *hwangryongpo*, or yellow *yongpo* with *ojoryongbo*, or the five-toed dragon insignia; a king and an emperor's crown prince *hongryongpo*, or red *yongpo* with *sajoryongbo*, or the four-toed one; a king's crown prince *heukryongpo*, or black *yongpo* with *sajoryongbo*, or the four-toed one; and the eldest grandson of a king *heukryongpo*, or black *yongpo* with *samjoryongbo*, or the three-toed one. It has a round collar, and sometimes two suits in different colors were sewn together at the sleeves and other times, the long one between the two tying strings are made two in different colors for the purpose of contrasting and enhancing the colorful beauty.

조선시대 곤룡포의 변천

	초기	중기	후기(국속화 된 점)
옷깃 [領]	파임 12cm 정도	초기와 동일	단령 안감에 안깃을 달아 안깃이 중단(中單) 깃처럼 보임 파임을 깊게함(16~20cm)
소매 [袖]	진동　수구 앞 [前] 진동이 수구보다 넓음	진동이 수구보다 좁음	넓은 두리소매
무	뒤 [後] 트임	무　트임 무가 펼쳐져 있고 넓음	고를 매어 고정 무를 뒤로 접어 고정시킴
여밈	매듭단추, 가는 끈	가는 끈	옷고름 3개 　長 ─ 겉감 1 / 안감 1 　短 ─ 겉감 1
색	대홍색(大紅色)	대홍색	1897년 황색(黃色)

※ 출처 : 김미자, 「袞龍袍의 形態에 對한 硏究 – 朝鮮王朝를 중심으로」, 『논문집』 제7호(서울여자대학교, 1987), p. 298

황룡포

黃龍袍 *Hwangryongpo*, yellow dragon robe

단(緞) 곤룡포는 두 벌을 만들어 소매 부분만 함께 박음질하여 만든 두 겹의 옷이다. 이 황룡포는 황색운문단(黃色雲紋緞)으로 겉을 하고 홍색운문사(紅色雲紋紗)로 안을 댄 겨울용 용포이다. 용포는 겨울용은 단, 여름용은 사로 만든다. 둥근 깃의 안쪽에 홍색 깃을 대고, 오른쪽 어깨 부분에 매듭단추를 달아 여미게 만들었다. 섶은 밑으로 갈수록 넓어진다. 앞섶에 같은 천으로 폭 9cm의 고름을 달았는데 긴 고름에는 홍색운문사로 만든 고름 하나를 더 달아 고름이 총 3장이며 황색 2장과 홍색 1장의 긴 고름으로 고를 내어 맨다. 겨드랑이 양쪽에는 옥대를 띠는 띠고리와 묶는 끈을 달았다. 앞 길에 무를 크게 달고 양쪽 무의 여분을 뒤쪽으로 돌려 접은 후 위를 꿰매어 고정시키고 아래는 튼 채로 두었다. 앞·뒤·양 어깨에 금실로 수놓은 지름 21cm의 오조룡원보를 달았는데, 그 크기가 이전의 것보다 작아진 반룡보이다.

사(紗) 이 황룡포는 황제의 여름용 상복으로, 겉은 황색운문사(黃色雲紋紗), 안은 홍색운문사로 만들고 소매 부분을 함께 박음질하여 제작하였다. 옷감의 종류만 다를 뿐 크기와 형태, 장식 모두 겨울용 황룡포와 동일하다. 받침옷으로 저고리·바지와 주의를 입고 곤룡포를 착용하고 옥대를 띠며, 익선관을 쓰고 흑색녹피화를 신는다.

홍룡포

紅龍袍 *Hongryongpo*, red dragon robe

단(緞)　홍룡포는 세종 이후 조선시대 왕의 상복이었으나 대한제국 시기에는 황태자의 상복으로 착용하였다. 『국조속오례의보』에서는 "곤룡포는 대홍단으로 만들고 여름용은 대홍사로 만들며 포의 앞·뒤·양 어깨에 금오조룡원보를 붙인다."고 하였다. 겉은 홍색운문단, 안은 황색운문사로 만든 두 겹의 겨울용 포로 단령 깃에 흰색 안깃을 덧대게 한 겹깃의 옷이며 앞·뒤·양 어깨에 오조룡원보를 달았다. 치수는 앞의 황룡포와 동일하다.

사(紗) 여름용 홍룡포는 겉과 안을 모두 홍색운문사 두 겹으로 만들었다. 용보에는 황제나 왕을 상징하는 용문을 금실로 수놓았으며, 지위에 따라 용의 발톱 수를 달리하였다. 황제는 발톱이 다섯 개인 오조룡, 왕은 사조룡, 왕세자는 삼조룡 보를 단다. 대한제국에서는 황제가 황룡포를 착용하면서 황태자가 홍룡포를 입었다.

흑룡포

黑龍袍 *Heukryongpo*, black dragon robe

흑룡포는 왕세자가 성인이 되었을 때 상복으로 착용한 옷이며, 왕세손의 강서복으로도
사용하였다. 흑색운문사에 홍색운문사로 안을 넣은 겹옷이고 깃이 둥근 단령이다. 왕세자
가 흑룡포를 입을 때는 옥대를 띠고 흑색 모라익선관을 쓰며 정강이에 행전(行纏)을 차고
백말에 목화를 신는다. 왕세손은 삼조룡을 수놓은 사각형 보가 부착된 흑룡포를 입었다.

융복(戎服)은 왕이 능행(陵幸)할 때나 국난이 있을 때 착용하는 복식이고 문무백관은 국난을 당했을 때나 왕을 수행할 때, 외국에 사신으로 파견될 때 이것을 입었다. 『국조속오례의』에 따르면 능에 갈 때 왕과 문무백관이 모두 융복 차림이었다고 한다. 융복은 입(笠), 철릭[帖裏], 광다회(廣多繪), 화(靴)로 구성되는데, 품계에 따라 입과 철릭의 색을 달리하였다. 왕은 저고리 · 바지 · 중치막 위에 겉옷으로 홍색 철릭을, 왕세자는 청색, 당상관은 남색, 당하관은 청현색의 철릭을 입었는데 교외 동가시(動駕時)에는 홍색을 입었다고 한다. 허리에 광다회를 띠고 환도를 차며 화를 신었다. 『속대전』에 의하면, 왕은 흑립(黑笠)을 쓰고, 당상관은 패영(貝纓)을 단 자립(紫笠), 당하관은 정영(晶纓)을 단 흑립을 쓴다고 하였다. 입식(笠飾)은 입의 전후좌우에 꽂는 장식을 말하는데, 초기에는 맥수(麥穗)를 꽂다가 후에 호수(虎鬚)를 꽂았다. 그 외 관직에 따라 유물에 나타난 수형(鬚形)이나 옥로를 입의 정자에 달아 장식하였다. 대한제국에서는 당상관의 자립이 칠사립으로 변하고 패영이 폐지되었으며, 당하관은 그대로 흑립을 착용하되 정영은 폐지하였다. 『조선왕조실록』 순조 34년 4월 편에는 "철릭은 우리나라 의복 가운데 가장 오래된 것인데, 윗옷인 '의'에 치마인 '상'이 연결[上衣下裳]되어 있고 소매는 팔꿈치를 돌릴 수 있을 만한 심의이며 이것을 입고 융사(戎事)에 다다를 수 있다는 의미에서 융복이라 부른다. 또한 이를 모포(帽袍) 속에 입기 때문에 철릭이라 하였는데 조정에 나갈 때는 포를 덧입고, 포를 벗고는 바로 융사에 나갈 수 있어서 편안할 때도 위태함을 잊지 않을 수 있어 간편하고 편리하다."라고 기록되어 있다.

戎服
Yungbok
Wartime Business Dress

- 흑립 黑笠 *Heukrip*
- 철릭 帖裏 *Cheolik*
- 광다회 廣多繪 *Gwangdahoi*
- 말 襪 *Mal*
- 화 靴 *Hwa*

Yungbok was worn by a king when he visited the royal tombs or in war times, and by governmental officials when they accompanied the king or were sent abroad as an envoy. It is composed of a hat called *rip*(笠), a robe called *cheolik*[帖裏], a waist strap called *gwangdahoi*(廣多繪) and shoes called *hwa*(靴), with differences in the color of *rip* and *cheolik* according to the wearer's rank. A king wore a red *cheolik*, his crown prince a blue, the post of Dangsanggwan a dark blue and Danghagwan a bluish black over a *jeogori*, a *baji*, and a *jungchimak*.

흑립

黑笠 *Heukrip*, black hat

　왕이 융복에 착용하는 입제(笠制)는 흑립이다. 당대 최고급 갓인 옥로립(玉鷺笠)은 흑립에 옥로정자(玉鷺頂子)를 장식한 것으로 왕 뿐 아니라 고관(高官)들이 의식에 참가할 때나 외국에 사신으로 나갈 때에도 착용하였다. 『고려사』에 "1367년(공민왕 16) 7월에 우필흥(于必興)의 진언에 따라 입제를 제정하였으며, 백옥·청옥·수정(水晶) 등으로 된 정자를 흑립 정상에 붙였다."고 씌어 있는데, 이는 고려에 입제가 있었음을 반증하는 내용이며 여기에 나타난 입제는 조선시대 흑립의 전신이라 여겨진다. 갓은 넓은 의미로는 대우와 양태(凉太)의 구분이 명확한 패랭이계와 이 둘의 구분이 없는 방갓계를 총칭하며,

좁은 의미로는 입첨(笠檐)이 있는 패랭이계 흑립만을 지칭한다. 흑립은 세죽사(細竹絲)나 말총으로 차양부분인 양태와 머리 위에 놓이는 모자 부분인 대우를 만들고, 포(布)나 사로 싼 다음 검은 옻칠을 하여 만든다. 조선시대 외출용 관모의 전형으로 정착한 흑립은 시대와 유행에 따라 대우의 높이와 양태의 크기가 변화하였다. 조선 초기에는 갓의 정상부분이 둥근 형태였으나 후기의 갓은 원통형 대우에 정상이 납작한 모양이었다. 오늘날의 갓은 대부분 조선 후기의 흑립을 말한다. 또한 신분이나 계급을 나타내는 장식을 여럿 달았는데, 정상에 달았던 정자 혹은 증자(繪子) 장식과 아래로 늘이는 갓끈[纓]이 대표적이다. 일반적으로 정자 장식을 한 흑립은 신분이 높음을 의미하며 직위에 따라 장식의 모양이나 재료를 구분하여 달았다. 갓끈 역시 마찬가지인데, 가슴 아래로 길게 늘어뜨리는 주영은 갓끈의 일종이기는 하지만 장식성을 위해 첨가한 것이기 때문에 호박(琥珀)이나 수정과 같은 사치스러운 재료로 만들었다. 실제로 갓을 머리에 고정시키는 갓끈은 천으로 만들어 따로 붙였으며 턱 밑에서 매도록 하였다.

해오라기 한 마리가 한 쪽 다리를 괴고 있는 형상의 옥정자를 단 이 흑립은 흑립 중 가장 상품(上品)에 속하는 것이다. 원통형의 대우를 말총으로 엮어 뒷면에 이음새를 만들어 연결하였고 그 아래에 말총을 방사상으로 엮어 만든 양태를 이어 붙였다. 흑립의 대우는 위로 갈수록 좁아진다. 대우와 양태사이, 즉 양태의 폭을 '버렁'이라고 하는데, 전통 흑립은 버렁을 약간 휘어지게 만들어야 하므로 양태 바깥쪽에 댄 대나무를 휘어서 그 모양을 유지시켰다. 모자 안쪽의 대우와 양태가 이어지는 부분에도 얇은 대나무를 대었고, 이곳에 S자 모양의 고리[鉤纓子]를 달아 갓끈을 연결하였다. 주영은 가늘고 긴 원통형 밀화(蜜花)와 둥글납작한 밀화를 번갈아 꿴 후 정 중앙에 큰 팔각형 장식을 달아서 만들었는데, 재료와 그 색이 고급스러움을 자아낸다.

The *heukrip*, a kind of black hat, decorated with *okrojeongja*(玉鷺頂子), or the night heron-shaped jade accessory on the top, was put on with the king's *yungbok*. Generally, the *heukrip* with an ornament on the top indicates a high social position. This hat is made by horsehair cloth and has an ornamental string made of amber or crystal as well as cloth straps to be tied under the chin.

철릭
帖裏 *Cheolik*, overcoat

 철릭은 왕이 융복으로 착용한 포이다. 다른 말로는 첩리, 천익(天翼)이라 하며, 고도철릭[固道帖裏]이라 부르기도 한다. 착용시기가 언제부터인지 확실치 않으나 고려시대 원(元)의 상하연속의(上下連屬衣)를 착용한 군병복에서 유래한 것으로 추정한다. 고려가요 〈정석가〉에는 "므쇠로 텰릭을 몰아나눈 …"이라는 구절이 있는데, 싸움에 나가는 남편을 위해 철릭을 쇠로 마름질하고 철사로 꿰맨다는 내용으로 남편이 싸움에서 무사히 돌아오기를 비는 아내의 마음이 표현되어 있다. 또한 중국의 백과사전인 『삼재도회』에서는 고려인의 모습을 철릭 입은 것으로 표현하였다. 조선시대 철릭에 관한 최초의 기록은 세종 7년의 "병조에서 궐 밖으로 임금이 거동할 때 위군사(衛軍士)는 철릭을 착용하라."는 것이며, 1444년(세종 26)에는 곤룡포의 받침옷으로 명나라에서 철릭을 사여받았다. 문사(文士)들의 평상복이자 조복의 받침옷이었으며 연복이었던 철릭은, 임진왜란·병자호란 등 전란이 잦았던 조선 중기 이후에 왕을 비롯한 문무백관의 융복이 되었다. 또한 임금이나 세자가 혼례 때 중간 옷[裏衣]으로 착용하기도 하였다. 그 외에 풍속화에서 볼 수 있듯이 무속인들도 착용하는 등 조선후기에는 다양한 계층에서 철릭을 입었음을 알 수 있다. 재료는 주·저포·마포·면포·사·능·단 등 다양하며, 색깔은 왕의 평상복으로 흑녹암색·유청색·자색·소색 등을 사용하였다. 사대부의 평상복으로는 백색·유청색 등으로 특별한 규제가 없었으나 영조대에 이르러 조신의 융복으로 당상관은 남색, 당하관은 청현색, 왕이 교외로 행차할 때는 홍색을 사용하도록 하였다고 한다. 철릭은 깃이 곧은 직령교임이며 상의인 '의'와 하의인 '상'이 연결된 형태인데 시대에 따라 '의'·'상'의 길이와 너비, 주름처리 방법, 깃·소매 모양

등의 변화가 있었다. '의'와 '상'의 길이의 비가 초기에는 1 : 1로 거의 같았으나 후기로 갈수록 점차 '의'는 짧아지고 '상'은 길어져 '상'이 '의'보다 2배(1 : 2)가량 더 길어진다. 정교했던 '상'의 주름이 점점 넓고 깊어져 후기에는 치마단 끝까지 잡혀 마치 주름치마와 같은 형태가 된다. 또한 소매가 넓어지고 곡선배래가 나타나며 넓은 이중 깃의 형태가 없어진다. 앞섶의 여밈도 점차 얕아지고 여밈 방식도 고름으로 바뀐다. '상'에 주름을 잡은 것과 매듭단추를 달아 소매를 탈착할 수 있게 한 것이 철릭의 가장 큰 특징인데, 초기에는 양쪽 모두 탈착할 수 있게 했으나 후기에는 한쪽, 특히 왼쪽만 뗄 수 있도록 만들었다. 유사시에는 소매를 떼어 붕대처럼 사용할 수 있기 때문에 철릭은 여러모로 융복에 적절한 옷이었다. 조선시대의 일반 가정에서도 유사시 무명이불로 철릭을 지어 입고 국방에 대비하였다고 한다.

기본 복식인 저고리 · 바지 위에 홍색 중치막을 입고 철릭을 입었다. 철릭 위에 비교적 폭이 넓은 광다회를 띠고 갓과 화를 착용하였다. 왕의 철릭은 남아있는 유물이 없어 옛 문헌과 일반 철릭 유물을 참고하여 재현하였다. 홍색 숙고사로 만들었으며 상의하상식 옷이므로 무와 섶이 없다. '상'은 5폭이며 촘촘한 주름을 잡아 옷이 풍성하게 보이도록 하였으며, 깃에 흰 동정을 달고 고름을 달아 여밀 수 있게 만들었다. 소매는 광수이고 끝단을 접어 안으로 넣었으며 왼쪽 소매는 탈착 가능하도록 매듭단추를 달아 연결하였다.

The *cheolik*[帖裏] is a robe worn with the king's *yungbok*. It is put on over a *jeogory*, a *baji*, and a red *jungchimak*. This robe was made by coupling the upper and the pleated lower garments together and designed to be put on or taken off by using a knot button in the left sleeve. It was fastened with a *gwangdahoi* around the waist and completed with a *heukrip* and a pair of *hwa*. Finally, a quiver and bow case was carried on the shoulder.

광다회

廣多繪 *Gwangdahoi*, waist silk strap

광다회는 명주실로 폭을 넓게 짠 납작한 끈으로 다회(多繪)를 쳐서 제작한다. 융복의 허리띠 역할을 하므로 철릭을 입고 그 위에 띠는 데, 허리에 한 번 돌려 감은 후 고름을 매듯 한 쪽만 고리를 내어 묶는다. 『대전회통(大典會通)』에 의하면, '다회'란 짜서 만든 끈을 말하며, 이를 우리말로는 '끈목'이라 부른다. 다회는 광다회와 동다회[圓多繪]로 나뉘는데, 광다회는 폭을 넓게 짠 것이고 동다회는 둥글게 짠 것이다. 광다회는 보통 의복을 정리하는데 사용하고, 동다회는 노리개나 주머니 끈 등 장신구의 끈으로 사용한다.

끈목의 기원은 신석기 시대에 짐승의 가죽이나 나무껍질을 얇고 길게 찢어 꼬아 쓰던 것에서 찾을 수 있다. 이후 더 튼튼하게 사용하기 위해 여러 가닥의 실을 합사(合絲)하여 짜게 되었는데, 이것이 바로 다회이다. 우리나라의 매듭은 끈을 중간에 끊지 않고 한 번에 여러 가지 모양을 만들어내는 특징이 있다. 술의 머리 부분을 장식하는 모양에 따라 딸기술, 낙지발술, 봉술, 방울술 등이 있으며 굵기에 맞게 합사하여 만든다.

이 광다회는 홍색이라 홍광대(紅廣帶)라고도 한다. 조선시대에 홍색은 높은 신분을 표시하는 색, 특히 왕을 상징하는 색이었기 때문에 왕의 광다회로 홍색을 썼다. 다회는 치는 실의 가닥수에 따라 4사 · 8사 · 12사 · 16사 · 24사 · 36사라 부르는데, 이번에 재현한 것은 16 가닥의 실을 합사하여 평직으로 넓고 얇게 짠 16사 광다회이다. 양 끝을 두 가닥으로 가르고 각각 딸기술을 한 쌍씩 달았으며 끈과 술이 이어지는 부분에는 금실로 만든 가락지매듭을 끼워 장식하였다.

The *gwangdahoi* is a *cheolik*'s waist silk strap with tassels at the ends. The word *dahoi* means braided cords: there are four-, eight-, twelve-, sixteen-, twenty four-, and thirty six-ply *dahois* according to the number of threads in use. *Maedeup*, or the traditional Korean knot, is characterized by creating various patterns with a long string, without cutting it in the middle.

구군복(具軍服)은 융복과 함께 조선시대 무관들이 착용한 군복의 일종이다. 갑옷과 투구를 뜻하는 개주(介胄)의 속옷이자 무관의 예복으로 왕의 원근 행행시에 대신 이하 시위제신(侍衛諸臣)이 모두 갖추어 입었으며, 전시(戰時)에는 왕도 구군복을 착용하였다. 군복이라는 용어는 『증보문헌비고』에 처음 나타나며, 『조선왕조실록』에 의하면 선조 때 구군복이 새로 생겨 융복과 혼용했다고 한다. 『국조오례의』에서는 구기복(具器服)이라 하였으나 구군복과 형태는 다르다. 구군복이라는 용어는 1834년(순조 34)에 처음 나타나는데, "화성(華城) 행행시(幸行時) 안에서 거가(車駕)를 호위하는 모든 신하는 구군복을 입고, 배종(陪從)하는 각 관(官)은 융복을 착용하도록 하였다."는 기록이 있다. 1862년(철종 13) "행행시의 복장은 군복이 간편하다."고 하였으며, 이후 왕도 구군복을 착용하게 되었고 1866년(고종 3)에는 전좌(殿座) 및 동가시의 선전관 병조판서는 군복으로 거행하도록 하였다. 헌종 때에는 융복과 군복을 단일화하면서 융복을 없앴으나, 1874년(고종 11)에 융복이 다시 생겼다가 1883년에 폐지되어 이후 군복으로는 구군복만을 착용하였다. 1895년(고종 32) 을미개혁의 일환으로 <육군복장규칙>이 새로 제정되고 구미식 군복이 도입되면서 구군복이 폐지되었다.

무관의 구군복 차림은 전립(戰笠)을 쓰고 동달이[同多理]와 전복(戰服)을 입은 후 그 위에 광대(廣帶)와 전대(戰帶)를 띠며, 병부를 차고 화를 신는다. 환도(還刀)를 들고 동개를 메고 등채(藤策)를 갖춘다. 왕의 구군복도 이와 같으나 특별하게 전복 앞·뒤·양 어깨에 용보를 달았고 전립은 공작꼬리와 패영으로 장식하였으며 흑화를 신는 등 의복의 소재와 패용물에 차이가 있었다.

구군복

具軍服

Gugunbok

Military Uniform

- 전립 戰笠 *Jeonrip*
- 동달이 同多理 *Dongdari*
- 전복 戰服 *Jeonbok*
- 광대 廣帶 *Gwangdae*
- 전대 戰帶 *Jeondae*
- 말 襪 *Mal*
- 화 靴 *Hwa*
- 등채 藤策 *Deungchae*

Gugunbok was the inner garment of a suit of armor worn by military officers and also by a king in war times. The wearers put on a *jeonrip* hat, *dongdari* and *jeonbok* robes, *gwangdae* and *jeondae* waist belts, *hwa* shoes, and the mobilization certificate bag called *byeongbu*. They also fastened bracelets called *paljji* around the ends of sleeves, held a sword called *hwando* and a horsewhip used as a baton called *deungchae* and carried a bow-case called *donggae*. The king's *gugunbok* was almost similar except for textile materials and accessories: it had the dragon insignias on the breast, the back and the shoulders, peacock's feathers and *paeyeong*, or a hat string of gemstones, attached to *jeonrip*, and *heukhwa*, or black shoes.

전립

戰笠 *Jeonrip*, military hat

전립은 무관(武官)과 군사(軍士)들이 쓰는 군모(軍帽)이다. 전시에 사용한 모자라는 의미에서 '전립'이라 하였는데, 전모와 유사한 것이라 할 수 있다. 전모는 고려 말 우왕 때 시혁호복(始革胡服)하면서부터 나타났다. 전립은 서북지방에서 주로 착용하였으며, 조선 후기의 문신 이재(李縡)가 집필한 『삼관기(三官記)』에 의하면, 광해군 7년 만주 출병 이후 전립을 쓰는 풍습이 성행하였고 정묘호란 이후에는 사대부들도 쓰게 되었으며 무인들은 대관까지도 썼다고 한다. 이덕무(李德懋)의 『청장관전서(靑莊館全書)』에는 "포립보다 작고 뾰족한 것이었는데, 점차 첨(檐)이 넓어져 포립과 다름없는 것이 되었다."고 하였다. 전시용(戰時用)이나 무관용이라는 전립의 본래 뜻을 잊고 가볍고 사치스러운 것만 택하여, 재료로 모전(毛氈)이 아닌 총을 사용한 경우도 있었다고 한다.

　전립은 복발형 틀 안에 말총을 다져 넣어 전체적인 형을 만들고, 이 털이 흐트러지지 않게 검은 실로 고정하여 만든다. 전시에 쓰기 때문에 화살촉이 쉽게 뚫지 못하도록 촘촘하고 두텁게 제작하였다. 왕의 전립도 고위무관들의 것과 마찬가지로 공작깃을 달았으며, 특별히 모부 정면에는 왕을 상징하는 용문을 투각한 원형의 옥 장식을 달며, 모부와 양태를 연결한 부위에는 여러 겹의 홍색 끈을 꼬아 둘렀다. 정상에는 금칠한 정자를 붙이고 그 위에 홍색 삭모와 공작꼬리를 길게 늘여 달았다. 안은 남색운문단(藍色雲紋緞)으로 싸고, 천으로 만든 갓끈·속갓끈 그리고 밀화를 연결하여 만든 별도의 패영을 달아 장식하였다.

The *jeonrip* is a military hat worn by military officers and soldiers in the Joseon dynasty. It was also called *morip* because it was made of animal hair fibers. The ornaments of the hat differed according to the wearer's social rank and position, and in particular, the king's one had peacock's feathers and decorative tassels on the top, a jade disc carved with the dragon symbol on the front, and a hat string of amber beads.

동달이
同多理 *Dongdari*, overcoat

　동달이는 조선시대 구군복 일습 중 하나로, 전복 밑에 입는 옷이다. 소매 부분에 홍색
천을 한 겹 덧댔다 하여 '동달이'라고 불렀으며, 이 말을 한역하여 '同多理'라 표기한다.
기본 형태는 주의(두루마기)와 유사하나 소매에 다른 색의 천을 덧댄 점, 양 옆과 뒷길
중심선이 트여 있는 점이 다르다. 동달이에 관한 가장 오래된 자료는 조선 숙종(肅宗) 때

의 〈숭정전진연도(崇政殿進宴圖)〉인데 이 중 능행도(陵行圖)를 보면, 순조실록의 기록과 같이 동달이 위에 전복을 입고 전대를 맺으며 머리에 전립을 쓰고 목화를 신은 제신의 모습이 보인다. 여기서 동달이는 주황색·녹색·남색·자주색·흑색·분홍색 등 여러 가지 색으로 나타나 있으며, 소매 끝동만 홍색이거나 소맷부리에서 팔꿈치까지 홍색인 것, 소맷부리에서 진동선까지 홍색인 것 등 형태와 색채가 다양하게 나타난다. 조선시대 다른 '의'나 '포'에 비해 소매가 좁은데, 군복으로 착용하므로 활동에 불편함을 줄이기 위해 착수로 하였을 것으로 추정한다. 무관들은 동달이 안에 윗옷으로 속등거리, 아래옷으로 경대 두른 홑태바지를 입었는데 속등거리의 왼쪽 겨드랑이 아래에는 검을 찰 수 있도록 고리가 달려있었다.

왕이 착용한 동달이라 하여 형태나 색이 특별하게 다르지는 않다. 길 부분은 삭힌 치자로 염색한 토황색 천으로 만든 겹옷이고, 소매 부분은 다홍색 천을 덧대어 세 겹을 이룬다. 소매의 모양은 착수에 직배래이다. 곧은 깃에 흰 동정을 달았고 길과 같은 토황색 고름을 달았다. 무 양 옆에는 얕은 트임이 있고 뒷길의 중심선은 허리까지 깊게 트여 있다.

The *dongdari*, a part of *gugunbok*, is the inner garment of the *jeonbok*. Though basically similar to the *juui*, this robe has side and back slits as well as the pieces of different-colored cloth patched on the sleeves. The king's *dongdari* was mud yellow and double-layered on the whole with the exclusion of the sleeves, for they were overlapped by another piece of crimson cloth and thereby, three-layered.

전복

戰服 *Jeonbok*, overcoat

전복은 구군복 일습 중 가장 겉에 입는 옷으로 동달이를 입고 그 위에 착용한다. 답호 · 쾌자(快子) · 호의 · 더그레라고도 하는데, 형태로 보면 이들과 유사하지만 단순한 민소매 겉옷이 아니라 군복으로서의 상징성을 지니고 있다는 점에서 구별된다. 조선시대 이전부터 입었을 것으로 추정되나 구체적인 기록은 태종 때 처음 나타난다. 『증보문헌비고』에는 "오늘날의 전복은 옛날 반비(半臂)인데, 일명 작자(綽子) 또는 답호라고 한다."고 씌어 있다. 전복과 답호를 동일하게 착용한 시기도 있었으며, 1888년(고종 25)에 소매 넓은 옷을 금지하면서 문무백관들이 주의(周衣) 위에 전복을 평상복으로 입었다. 오늘날에는 어린아이들의 한복에 그 형태가 남아있다.

전복은 겉을 흑색 갑사, 안을 홍색 갑사로 하여 만든 겹옷이며 깃 · 소매 · 섶이 없다. 특별히 왕의 전복에는 앞 · 뒤 · 양 어깨에 왕을 상징하는 용보를 달았다. 무가 있어 아래로 갈수록 넓어지고 활동에 편리하도록 양 옆이 겨드랑이 바로 아래까지 깊게 트여 있으며 뒷길의 중심도 허리부터 트여 있다. 섶과 고름이 없어 옷을 겹쳐 여밀 수 없기 때문에 앞에 부착한 용보 아래에 매듭단추를 달았다. 따라서 동달이 위에 전복을 입으면 사방이 자연스레 벌어지고 그 틈으로 토황색 동달이가 보이는데, 전복의 검은색과 동달이의 토황색 배색(配色)은 명시성이 높아 눈에 잘 띈다. 소매가 없기 때문에 양 어깨에 부착한 용보의 절반이 옷 바깥으로 나오게 된다. 전복의 용보는 청색 단 위에 수놓은 것으로 곤룡포의 것과 도안은 같으나 금실을 비롯한 여러 가지 색실로 수를 놓아 매우 화려하다.

The *jeonbok*, also a part of *gugunbok*, is an outer robe worn over a *dongdari*. It widens toward the end and has a wide width, long side and back slits for easy movement. Unlike other outer garments, it not only has neither sleeves nor gores but also is marked by knot buttons instead of tying strings. Specially, the king's *jeonbok* has *yongbo*, or the dragon insignia, the symbol of the king, on the breast, the back and the shoulders, which are very splendid embroideries in gold and various colors on the blue silk background.

동달이와 전복

광대
廣帶 *Gwangdae*, wide cloth belt

광대는 전복 위에 두르는 대(帶)로 구군복 일습 중 하나이다. 겉은 단, 안은 사로 하여 만들며 일반적인 폭이 14~15cm 정도로 다른 대(帶)에 비해 넓은 편이다. 안에 심을 넣어 빳빳하게 하고 길이는 사용자의 가슴둘레 정도로 제작한다. 왕은 구군복에 광대와 전대를 띠는데, 전복을 입고 광대를 가슴 정도의 높이에서 둘러 고정시킨다.

왕의 구군복에 두른 광대는 청색 단 위에 청·적·황·흑·백의 다채로운 색실로 화려하게 수를 놓았는데, 이는 철종어진(31쪽 그림 참조)에 나타난 수문(繡紋)을 재현한 것이다. 하단에는 산과 물, 나무와 꽃을 도식화하여 반복적으로 배치하였고 상단에는 중앙의 화문을 중심으로 좌우대칭을 이루게 하였다. 화문 안에 여의주가 들어있으며, 여의주 양 옆에는 금실로 수놓은 커다란 용이 있다. 용문 뒤로 왼쪽에는 해[日]와 물[河], 오른쪽에는 달[月]과 산(山)을 문자로 새겼고, 여백에는 운문을 수놓았다. 이처럼 광대에 수놓은 문양은 왕을 상징하는 용과 십이장문이나 십장생에 포함된 것들이며, 그 형태와 색채가 매우 아름답고 화려하여 전복에 부착한 용보와 조화를 이룬다.

The *gwangdae* is a wide cloth belt tied around the chest. This long, rectangle-shaped belt has a length of 15cm and a width of the wearer's of chest. It is especially distinguished by beautiful embroideries sewn with various colored silk threads on blue silk: mountain, wave, tree and flower patterns on the lower end and fire, cintamani, dragon, cloud and other ones on the upper are arranged symmetrically. Their refined and magnificent shapes and colors match well with the dragon insignias on the *jeonbok*.

전대

 *Jeondae*, blue cloth strap

전대는 조선시대 무관이 군복에 두르던 긴 띠로, 왕의 구군복 차림에서는 광대 위에 매는 긴 대(帶)를 말한다. 광대 위에 한번 둘러서 맨 다음 광대 안쪽으로 감아 낸 후 앞으로 길게 늘어뜨린다.

이 전대 역시 철종어진을 참고하여 재현한 것이다. 무문(無紋)의 청색 사로 만든 두 겹 띠로, 끝을 삼각형 모양으로 접은 다음 사선 방향으로 돌려 맞닿은 부분을 사뜨기로 바느질하여 만든다. 이와 같은 방법으로 계속 돌려서 만들기 때문에 전대의 양 끝은 뾰족하고 트여 있으며, 표면에는 일정한 간격의 사선이 나타난다.

The *jeondae* is a blue cloth strap tied above a *gwangdae*, worn not only by a king but also by military officials, soldiers and military servants in their *gugunbok*. This strap is wrapped once over a *gwangdae*, and then tied into a knot with the ends hanging. Since it was a narrow strip of fabric, cut on the bias, it has pointed ends and regular, oblique lines on the surface.

조선시대 왕의 평상복(平常服)은 사대부의 것과 크게 다르지 않다. 이는 왕이 솔선하여 검약함으로써 국민에게 수범하는 것을 왕도정치의 근본으로 삼았기 때문이다. 왕은 평상복으로 기본 복식인 저고리·바지에 포를 입고, 머리에는 망건(網巾)에 상투관과 흑립을 쓰며 백말에 흑혜를 신었다. 예복의 밑받침 옷인 철릭·답호·직령·장의·액주름포·주의(周衣)·중치막·창의 등을 포로 입었는데, 대한제국 이후에는 주의와 도포(道袍)가 남게 되었다. 백색·남색·옥색·초록색·두록색·다홍색·자적색·주황색·아청색 등을 주로 사용하였으며, 왕이 착용한 포의 종류와 형태는 사대부나 서민의 것과 큰 차이를 보이지는 않지만 옷감이나 소매 너비, 패용하는 장신구 등이 다르다.

平常服
Pyeongsangbok
Non-official Wear

- 흑립 黑笠 *Heukrip*
- 상투관 *Sangtugwan*
- 주의 周衣 *Juui*
- 도포 道袍 *Dopo*
- 도포끈 細條帶 *Dopo-ggeun*
- 말 襪 *Mal*
- 혜 鞋 *Hye*

The king's *pyeongsangbok*, or everyday clothes is not different from that of the Joseon scholar officials. This is because it was believed the true foundation of the Mencius' political idea of the benevolent government lies in that a king should be a role model for his people in everything, even in economy. At ordinary times, a king wore a *jeogori* and a *baji*, the two upper and lower basic garments, and then *po*, or an overcoat and *manggeon*, or a kind of head band, and a *sangtugwan* crown, along with *baekmal*, or white socks and *heukhye*, or black shoes. In the Joseon dynasty, such garment as *cheolik*, *dapho*, *jungchimak*, *changui*, *jeonbok* and others were worn as an overcoat, and *juui* and *dopo* in the Daehan Empire.

상투관

Sangtugwan, topknot crown

　상투관은 상투 튼 머리에 쓰는 작은 관이다. 왕이 평상복을 입을 때 관 안에 쓰거나 침소(寢所)에 들 때 착용하였다. 조선시대에는 평상복이나 침소복 차림에서도 맨 상투를 드러내지 않고 상투관을 착용했으며, 의관(衣冠)을 모두 갖출 때에는 상투관 위에 다른 관을 썼다. 상투관은 일반적으로 양관을 축소한 모양으로 상투 주위를 둘러싸는 테, 관의 앞과 뒤를 연결하는 다리, 관을 고정시키는 잠도 세 부분으로 구성된다. 하단의 테와 상단의 다리에 문양을 새기고 장식하여 신분을 나타내기도 한다. 이것을 착용할 때에는 먼저 망건을 쓰고 상투관으로 상투를 덮은 다음 잠도를 꽂아 고정한다. 잠도는 상투 오른쪽에서 왼쪽방향으로 꽂기 때문에 정면에서 보면 비녀머리[簪頭]가 왼쪽에 위치한다. 상투관은 사용자의 나이와 머리숱에 따라 크기가 다르지만 대개 높이 7cm, 지름 5cm정도가 일반적이다. 만드는 재료로는 옥이나 밀화와 같은 보석류, 흑각(黑角)이나 우각(牛角) 같은 각류, 나무, 베나 장지(壯紙), 말총, 헝겊 등을 사용하였다. 왕의 상투관이라 하여 특별한 형과 색이 규정되어 있는 것은 아니었고, 대체로 사대부의 것과 유사하나 재료 면에서 차이가 있었을 것으로 추정한다. 사진의 왼쪽은 호박으로 만든 금파상투관이다. 호박은 이물질이 섞여 있어 세공이 어렵지만 가볍고 색과 무늬가 아름다워 고급 장신구의 재료로 많이 쓰인다. 관의 테에는 여의주를 물고 있는 용 두 마리를 좌우대칭이 되게 둘러 새겼고, 테 위쪽 다리부분의 전면에는 도철문처럼 정면에 용 얼굴을 새기고 남은 부분에 운문을 투각하였으며, 후면에는 여섯 줄의 세로 선을 일정한 간격으로 새겼다. 오른쪽의 옥상투관은 크기가 금파상투관보다 작은데, 이는 고종 황제가 노년에 사용했던 것을 복원한 것으로 머리숱이 많이 줄어 상투관의 크기도 그에 맞춰 줄였을 것이라 추정한다. 옥은 무겁지만 위엄을 나타내기에 좋은 재료이고 세공도 비교적 수월하다. 옥상투관의 아래쪽 테 부분은 꽃잎 모양으로 양 옆이 솟아 있으며 전면에 꽃모양[花紋]을 투각하였다. 테의 전면과 후면을 아치모양으로 연결한 다리에는 얇은 선을 일정한 간격으로 새겼다.

The sangtugwan is a small crown for covering a topknot on the top of the head. It was worn in bed or inside a crown by a king in *pyeongsangbok*. This cap is composed of *te* which surrounds a topknot, *dari* which is attached to the front inside and back inside of *te*, and *jamdo* which fastens the cap to the head. The materials used are jade, amber, buffalo horn, oxhorn, wood, cloth, paper, horsehair, and etc. The yellowish cap in the picture is a *geumpa-sangtugwan* made of amber. For decorative purposes, two dragons with a cintamani in the mouth were engraved symmetrically on the *te* and a dragon's face is carved in the center and cloud pattern in the periphery of the *dari*. The rest one in the picture is a restoration of an *ok-sangtugwan* made of jade, worn by Emperor Gojong in his later years. As the emperor lost his hair from aging, the cap's size became smaller. The sides of petal-shaped *te* engraved with flower pattern rise upwards, upon which regular thin lines are carved.

주의

周衣 *Juui*, overcoat

주의는 주차의(周遮衣)라고도 하며 터진 곳 없이 두루 막혔다 하여 두루마기라고도 한다. 포는 삼국시대에도 착용했고 통일 신라 시대에 이르러 넓은 깃과 무가 생겼으며 고려 말에는 앞섶의 여밈이 깊어지고 옷고름이 생겼다. 고유의 포가 오랜 기간에 걸쳐 다른 여러 포의 영향을 받아서 주의(또는 두루마기)가 되었다. 최남선(崔南善)은 『조선상식(朝鮮常識)』에서 "두루마기는 양쪽 겨드랑이가 터져 3폭이 따로 되는 소창의에 대해 휘돌아서 다 막힌 것임을 나타내는 것이다."라고 설명하였다. 조선 후기에는 소매가 넓은 포를 선호하여 광수주의가 생겼다. 1884년(고종 21) 갑신의제개혁 때, 소매 넓은 겉옷을 폐지하고 주의만을 착용하도록 왕명이 내려졌으며, 상류층에서는 방한용으로 집에서 입거나 외출 시 겉옷 안에 받쳐 입었고, 서민들은 겉옷으로 착용하였다.

이후에는 남녀귀천 없이 입었으며, 1894년 갑오의제개혁에서는 흑색 주의와 답호를 진궁통상예복(進宮通常禮服)으로까지 승격시켰다. 1895년 3월에는 왕과 관민의 구분 없이 모두 흑색 · 갈색 등 색깔 있는 주의를 착용하게 하였는데, 이 의제는 관과 민이 구별 없이 같다는 고종과 개화파의 평등사상이 복식에 반영된 것이라 할 수 있다. 주의의 형태는 직령교임이며 소매는 착수이고 고름은 넓고 길다. 섶과 무가 있어 아래로 갈수록 통이 넓어지지만 트임은 없다. 소재로는 면 · 견 · 모직 등 특별한 제한은 없었으나 대개 여름에는 모시로 만든 홑주의를, 봄 · 가을에는 겹주의를, 겨울에는 솜으로 누빈 주의를 입었다. 색상은 백색, 옥색, 회색 등이 주를 이룬다.

홑주의

여름에 입는 홑주의는 말 그대로 홑으로 된 두루마기를 말한다. 학과 현무(玄武)문양을 넣은 아청색 갑사로 만들었는데, 20년이 넘은 원단을 사용하여 예스러움을 더했다. 홑옷이므로 어깨바대와 곁바대를 대었고 깃에는 흰 동정을 달았다. 소매는 착수이고 직배래이다.

겹주의

겹으로 만든 두루마기로, 유물을 참고하여 재현하였으며 치수는 고종의 것을 사용하였다. 미색의 원단에는 부귀와 화목을 상징하는 모란문과 부부애를 상징하는 호접문(蝴蝶紋)이 어우러져 있는데, 이것은 이성지합(二姓之合)의 자연스러운 인간 심리를 의미한다. 옷에 트임이 없기 때문에 활동성을 위해 무를 달아 아래로 갈수록 폭을 넓게 하였다. 소매는 착수에 곡선배래이며 깃에는 흰 동정을, 앞섶의 상단에는 고름을 달았다.

The *juui*(周衣), also called as *durumagi*, has a meaning of being enclosed. In the Joseon dynasty, the upper-class people put it on indoors or under an outer garment when going out to protect against cold, while the commoners used it as outerwear. However, in the Daehan Empire, it began to be popular among both men and women, high and low born, irrespective of places and seasons. The single-layered ramie *juui* was worn in summer, the double-layered in spring and fall, and the quilted in winter.

도포

道袍 *Dopo*, overcoat

왕은 평상복으로 도포를 입었는데, 이것은 사대부나 선비들이 입던 걸옷으로 더 많이 알려져 있다. 조선시대 『명종실록(明宗實錄)』에 도포라는 용어가 등장하고, 『효종실록(孝宗實錄)』에 임진왜란 후부터 도포 착용에 관한 제도가 있었다는 기록이 있다. 『목민심서(牧民心書)』에는 "맹예(氓隷), 하천(下賤)도 도포를 많이 입는다."고 기록되어 있으나, 『오주연문장전산고(五洲衍文長箋散稿)』에는 "우리나라 조관사서(朝官士庶)가 웃옷으로 도포를 입는데, 청색과 백색 두 가지가 있어 좋은 일[吉事]에는 청색을 입고 평시(平時)에는 백색을 입으며 천민과 노비들은 입지 못한다."고 하였다. 이렇듯 조선시대 도포의 착용에 있어서 신분 차이가 있었다는 것을 알 수 있다. 갑신의제개혁으로 소매 넓은 옷의 사용을 금하면서 폐지되었으나 1889년에 관직 없는 사람들의 예복으로 도포를 입게 하면서 광수 옷 중 도포만이 그 명맥을 유지하게 되었다. 이후에도 근세까지 계속 입었으며, 오늘날에는 제사 때 착용하거나 수의로 사용한다. 도포는 곧은 깃에 무가 있고 소매가 넓다. 뒷길은 허리부터 중심이 트여 있는데 그 위에 전삼(展衫) 한 자락이 붙어있다. 전삼은 말을 탈 때나 앉을 때에 하의가 드러나 보이는 것을 가리기 위하여 트인 뒷길 위에 덧댄 천을 말한다. 이것은 활동에 편리함을 줄 뿐 아니라 도포의 멋을 자아내고 품위를 높여주는 특징적 요소이다. 도포 위에는 도포 끈[細條帶]를 띠는데 신분에 따라 당상관은 훈색 또는 자색, 당하관은 청색 또는 녹색을 사용하기도 했고 특별한 규제 없이 다양한 색을 자유로이 선택하기도 하였다.

이 도포는 모시로 만든 홑옷으로서 주로 여름에 착용한 것이며, 고종황제의 신체 치수에 맞게 만들었다. 무가 있어 아래로 갈수록 통이 넓어지며 뒷길의 중심선은 진동선부터 트여 있고 그 위에 한 폭의 전삼을 덧붙였다. 홑옷이므로 어깨바대와 곁바대를 달았다. 섶이 있고 고름을 달았으며 깃에는 흰 동정을 달았다. 소매는 광수이며 그 끝을 안으로 접어 단을 넣었다.

The *dopo* was worn as king's *pyeongsangbok*, though it is more widely known to have been dressed as an overcoat by scholar officers or gentlemen. This garment has wide sleeves and widens toward the end. It has only back slit, which is covered with *jeonsam*, another layer of cloth suspended from the waist to prevent the lower garment being exposed through the slit when the wearer rides or sits on a horse. *Jeonsam* is one of the characteristic features of the *dopo*, both with practical function and stylish elegance. The piece in the picture has *durisomae*, or the wide and slightly curved sleeves, and is made of ramie fabric, dyed in the neat indigo blue color.

도포끈

細絛帶 *Dopo-ggeun,* dopo's string

도포끈은 도포 위에 띠는 가는 대로 '세조대(細絛帶)' 라고도 하며 양 끝에 술이 달려
있어 '술띠' 라고도 한다. 『경국대전』에는 조아(絛兒)라 표기되어 있으며 그 밖의 문헌에
서 세조아(細絛兒), 사대(絲帶) 등으로도 나타난다. 도포 뿐 아니라 창의(氅衣) 등 각종
포 위에도 두른다. 겉옷을 입고 고름을 맨 후, 가슴 쪽에서 끈을 한번 돌려 감고 고름처
럼 묶은 다음, 양 끝의 술을 앞쪽으로 늘어뜨려 옷맵시를 마무리 한다. 홍색, 청색, 녹

색, 현색 등 다채로운 색상의 유물이 있으며, 특히 상중(喪中)에는 백색 도포끈을 띠었다. 품계에 따라 당상관은 훈색·자색, 당하관은 청색·녹색 도포끈을 사용하였는데 조선 초기에는 사용자의 직위에 따라 색을 달리하였으나 후기로 갈수록 제도와 상관없이 자유롭게 사용했다고 한다.

명주실 16가닥을 꼬아 만든 것으로, 양끝에 각각 두 개의 딸기술을 달았다. 끈과 술이 이어지는 부분에는 금사를 곱게 감아 가락지매듭을 두 개씩 두르고 그 아래에는 국화매듭을 지었다. 국화매듭 양 옆으로도 가락지매듭을 하나씩 둘러 장식하였다.

The *dopo-ggeun* is a string tied over the *dopo*, also called *sejodae*(細條帶). It is a long silk braid with chrysanthemum and ring knots and tassels at the ends. This is worn not only over the *dopo* but also over the *changui*, wrapped twice around the waist and tied in the front with its ends hanging down. It was made in various colors such as red, blue, green, black and etc.

혜

鞋 *Hye*, shoes

혜는 신목이 짧고 운두가 낮은 남방계 '이(履)'의 일종이다. 조선시대 양반들이 평상복에 신던 고급 신이며 마른 땅에서만 신는다 하여 '마른신'이라고도 한다. 가죽[皮革]·풀·삼·베와 비단[布帛]·종이·나무 등 다양한 재료로 만들며, 흑피혜(黑皮鞋), 분투혜(分套鞋), 투혜(套鞋), 사피혜(斜皮鞋), 피초혜(皮草鞋), 태사혜(太史鞋), 당혜(唐鞋), 운혜(雲鞋), 마혜(麻鞋), 진신 등이 있다. 풀로 붙인 삼베와 모시를 백비하여 기본모양을 만들고 신울을 비단으로 싼 후 무늬를 새긴다. 가죽으로 만든 신창은 앞부분이 약간 들리게 하며, 신창과 신울 밑 둘레는 밀랍을 칠한 굵은 실로 꿰맨다. 신코 앞부분을 앞머구리, 뒷축을 뒷머구리라 하고 신코에 붙이는 무늬를 앞눈, 뒤축의 것을 뒷눈이라 한다. 신울타리 안은 내목이라 하며 앞·뒤축 중앙의 바느질 선을 가리기 위해 굵은 실로 장식한 것을 코실 또는 칙실이라 한다.

조선시대에는 남녀와 신분에 따라 신의 사용에 금제(禁制)가 있었다. 특히 혜는 사대부나 신을 수 있는 고급 신이었는데, 마른신 한 켤레를 만들기 위해서 수십 번 손이 가고 많은 공이 들기 때문이었다. 왕은 평상복에 백말을 신고 흑혜(黑鞋)를 착용했는데, 왕의 흑혜는 검은 가죽으로 만든 것으로 사대부의 것과 다르지 않다. 신에는 아무런 장식을 하지 않았고 바닥에는 가죽을 낮게 대었다. 신코가 약간 솟아 있어 곡선미를 느낄 수 있다.

The *hye*(鞋) are a kind of southern, low-cut shoes. It is also called *mareunsin*, or dry shoes, since it was put on only on the dry ground. The *hye* were expensive shoes, worn only by the nobility with their everyday clothing, for dress was strictly regulated according to status, rank, and gender in the Joseon dynasty. A king wore the *heukhye*, or black *hye*, along with white *beoson* with the *pyeonsangbok*. The king's *heukhye* was made of leather and similar to those of the noble classes. It makes a beautiful curve because the sole and the toecap are slightly lifted.

부 록

착장법

십이장복 착장법

저고리 · 바지 위에 중치막을 입는다.

중치막 위에 중단을 입는다.

허리에 상을 두른다.

의를 입는다.

뒤에 대대와 후수를 찬다.

앞에 폐슬을 찬다.

양 옆에 패옥을 단다.

옥대를 띤다.

방심곡령을 두른다.

면류관을 쓴다.

손에 규를 든다.

석을 신는다.

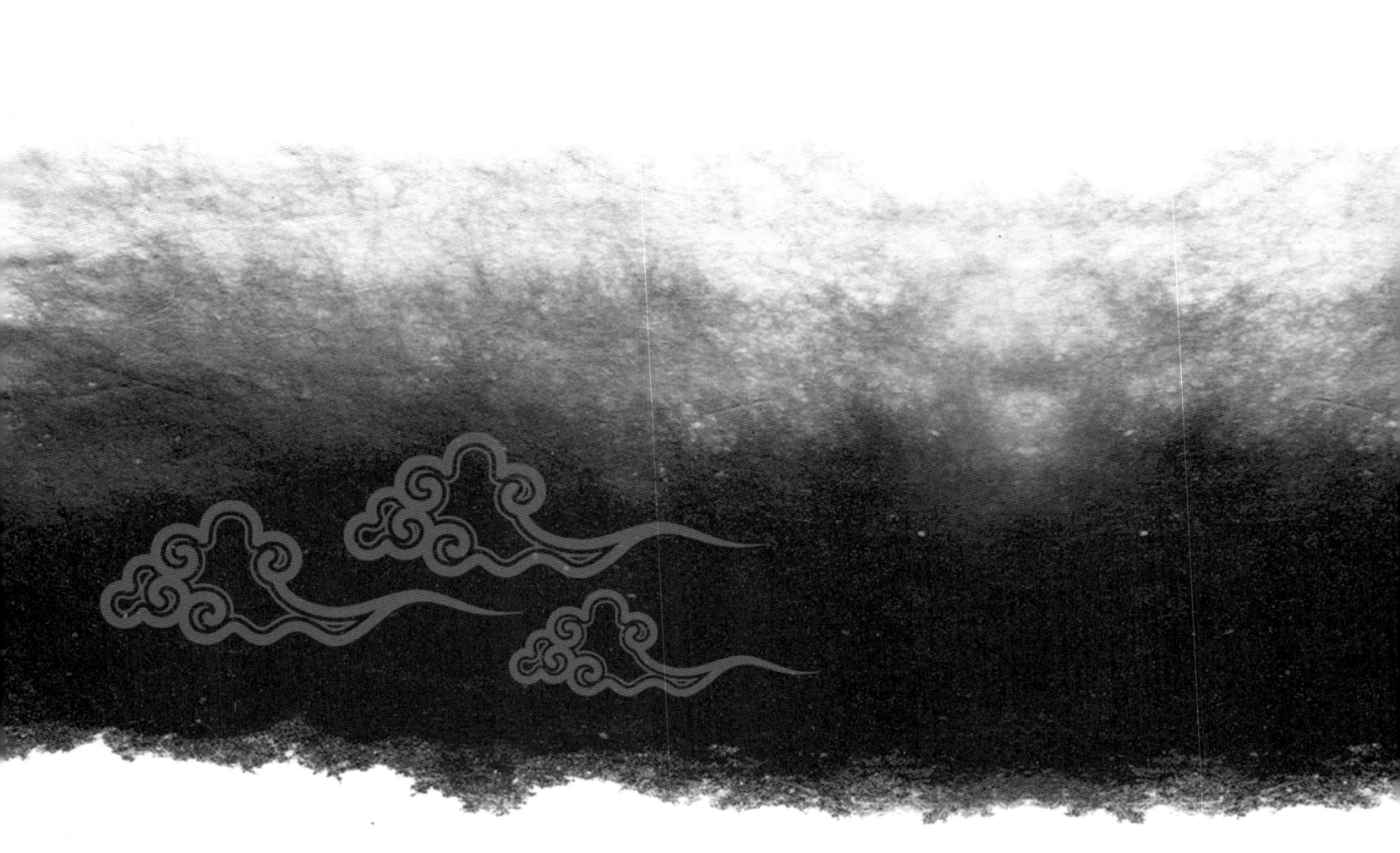

도식화

* 동일한 형태의 옷은 도식화를 맨 앞 한 번만 수록하였음.

십이장복의 의

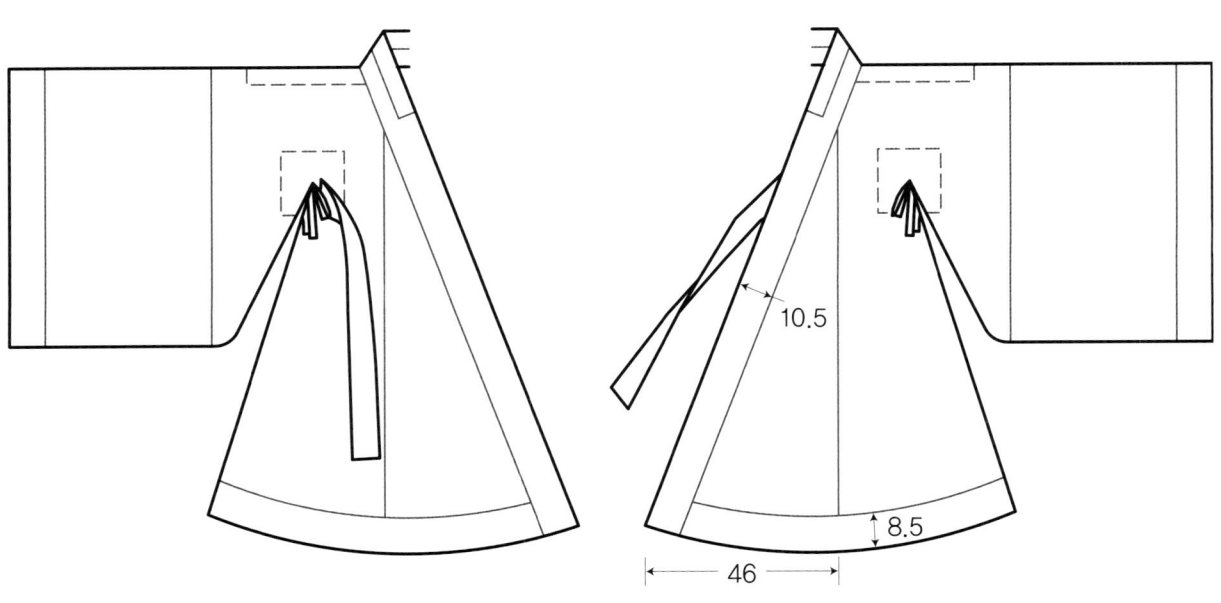

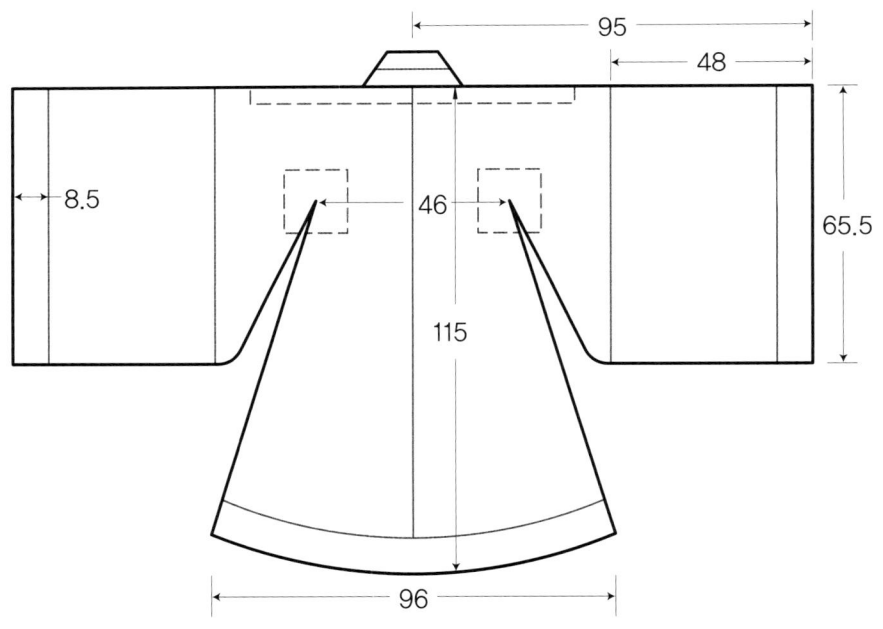

❀ 구장복의 '의'도 이와 같음.

십이장복의 상

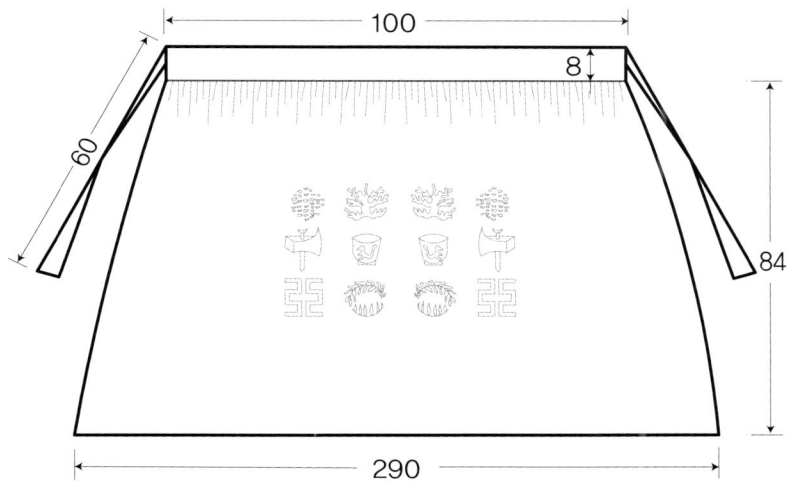

십이장복의 중단

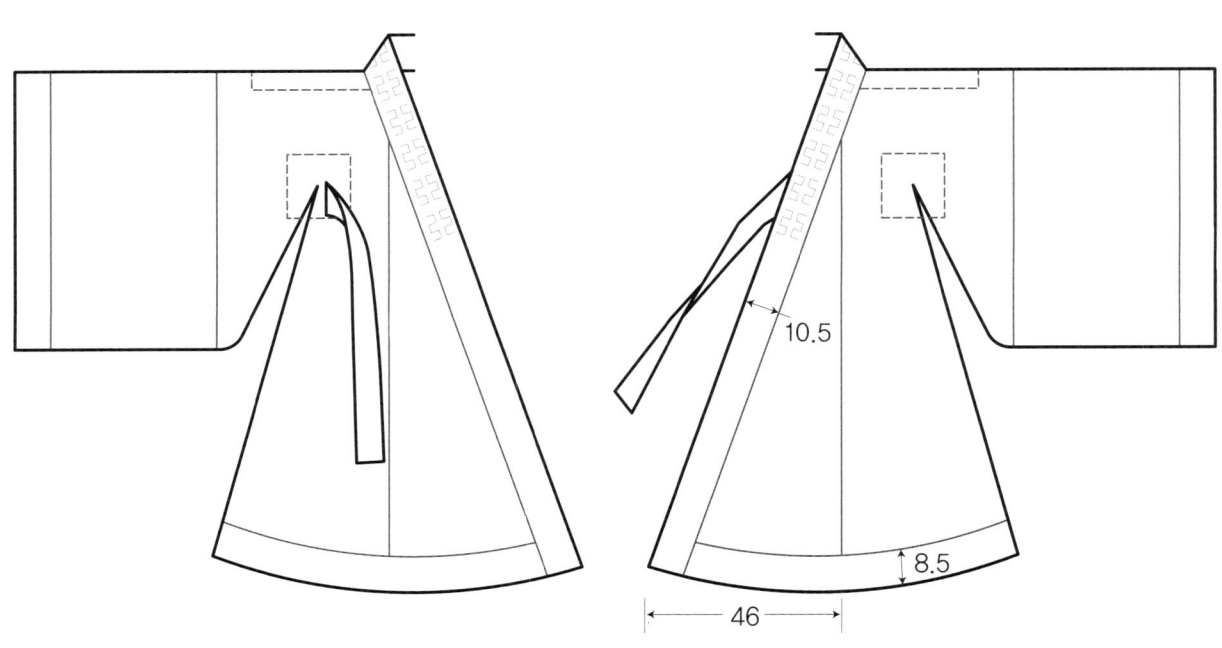

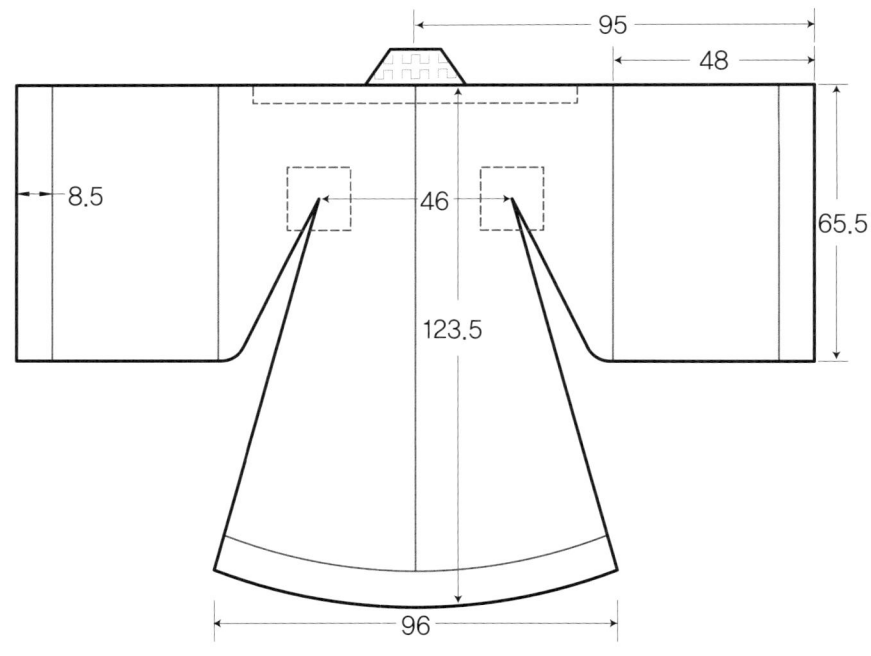

❀ 조복의 중단도 이와 같음.

십이장복의 폐슬

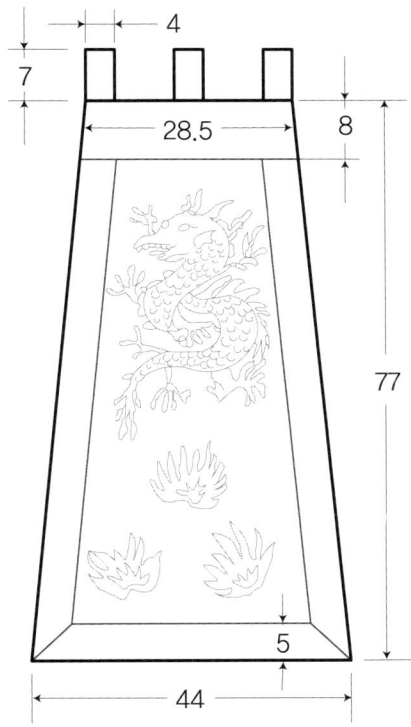

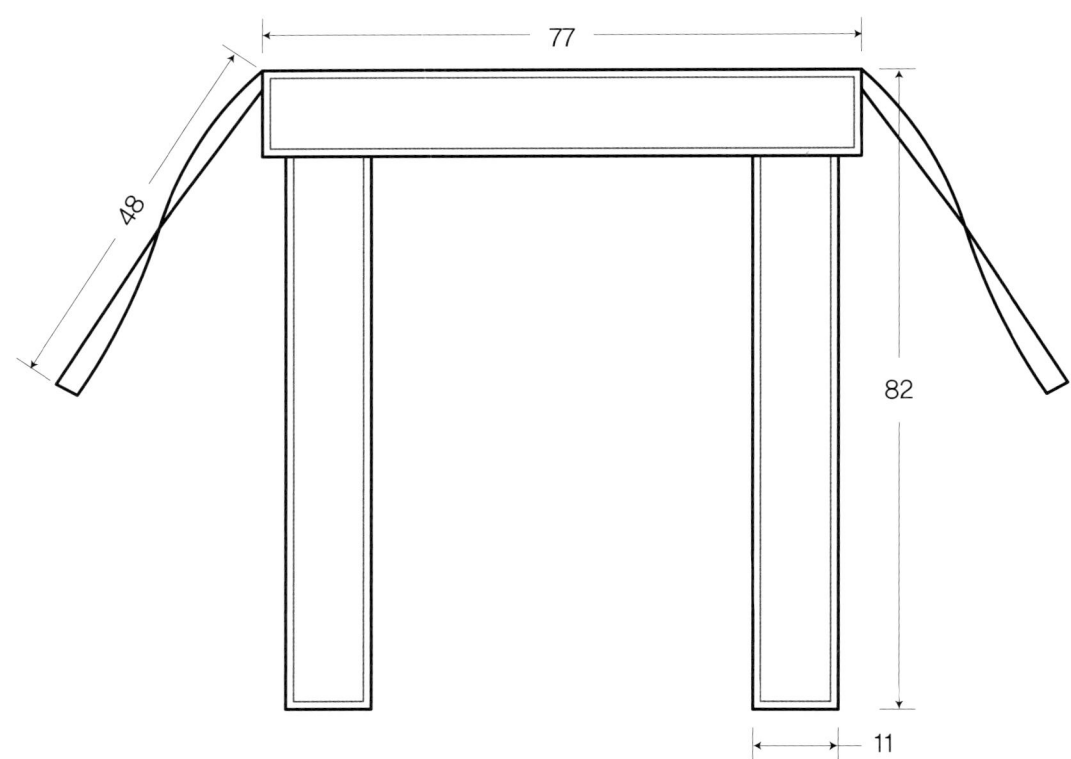

❀ 구장복 · 조복의 대대도 이와 같음.

구장복의 상

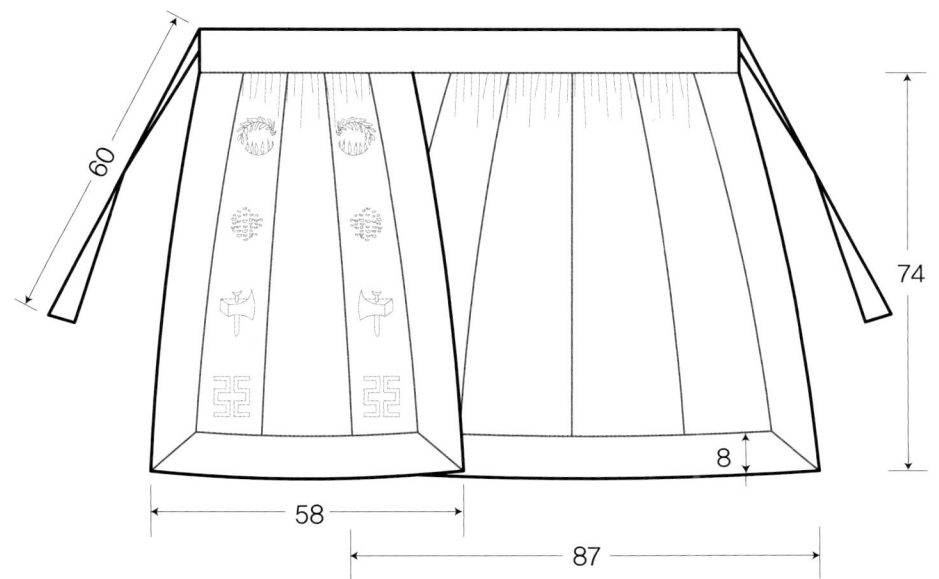

구장복의 중단

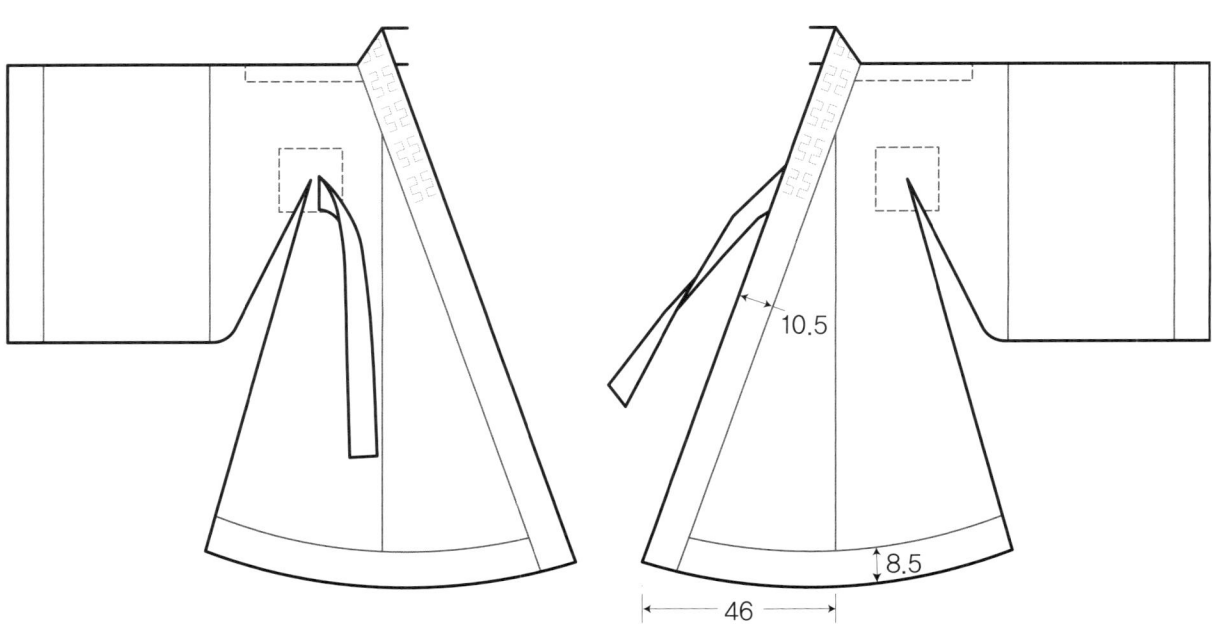

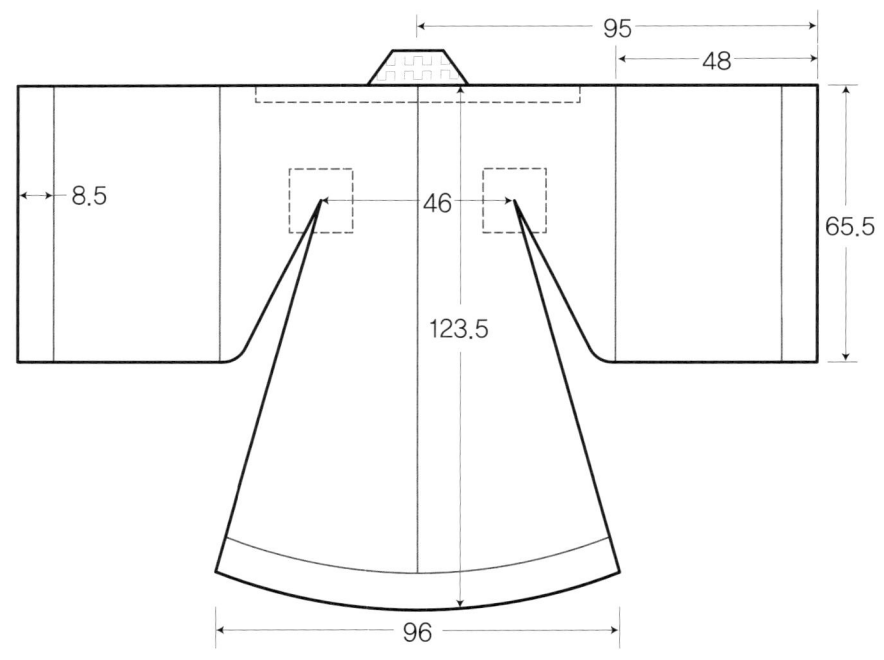

구장복의 폐슬

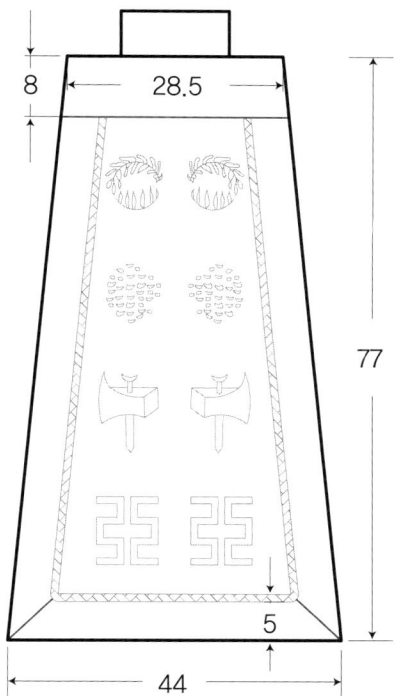

조복의 강사포

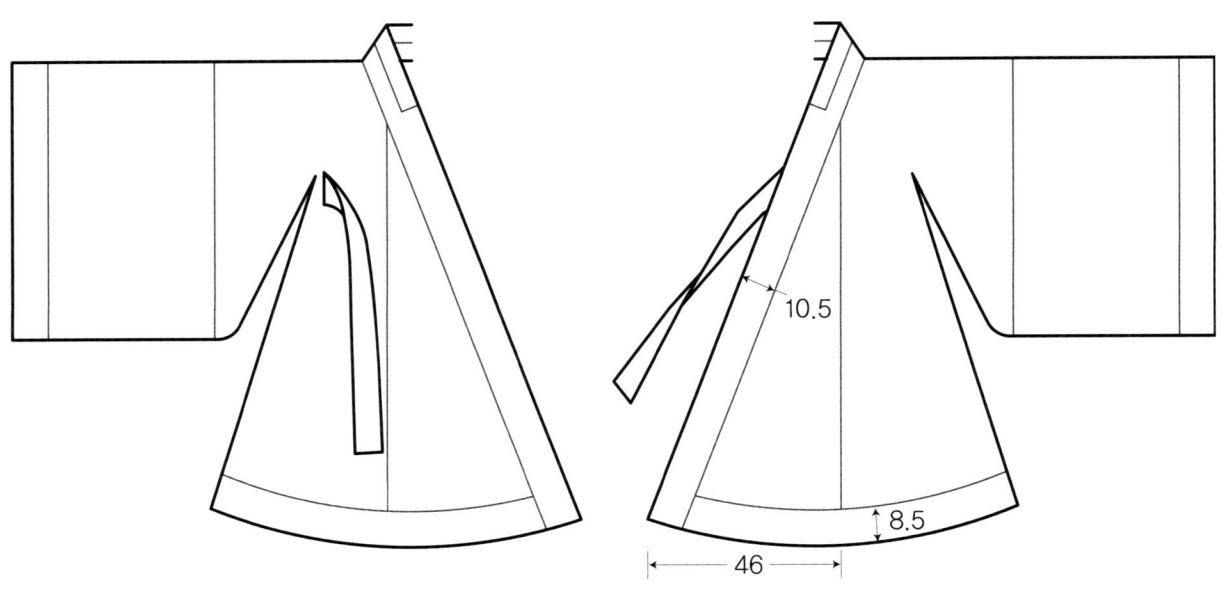

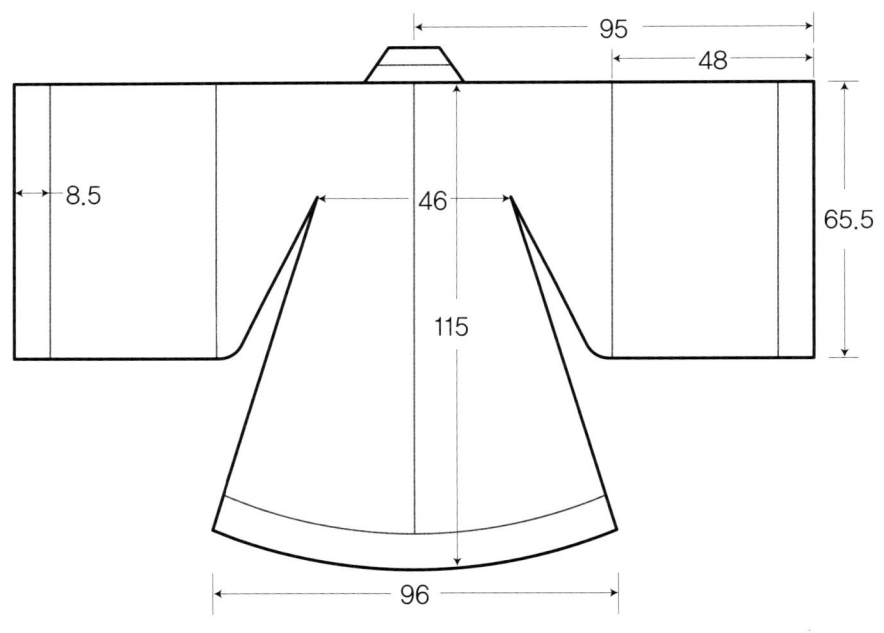

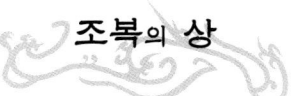

조복의 상

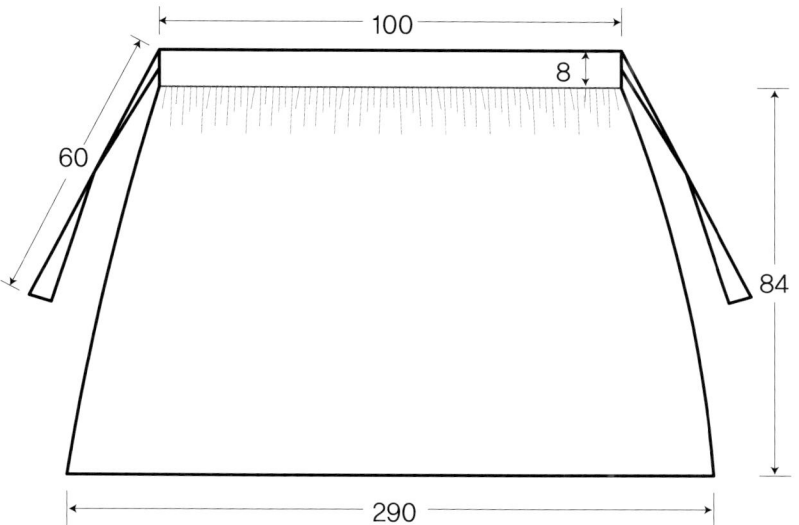

조복의 폐슬

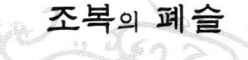

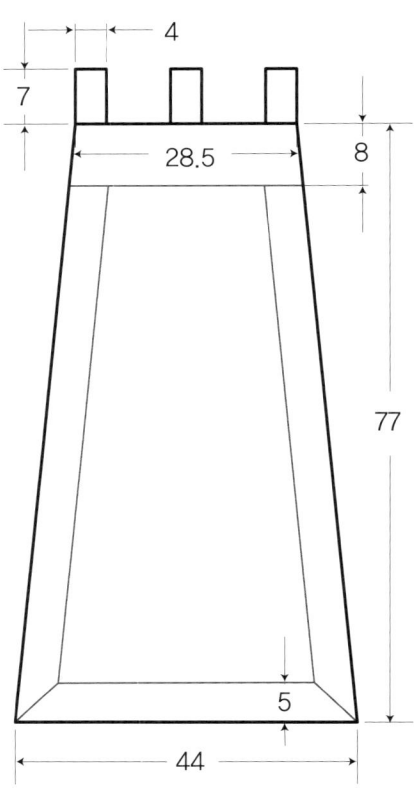

곤룡포

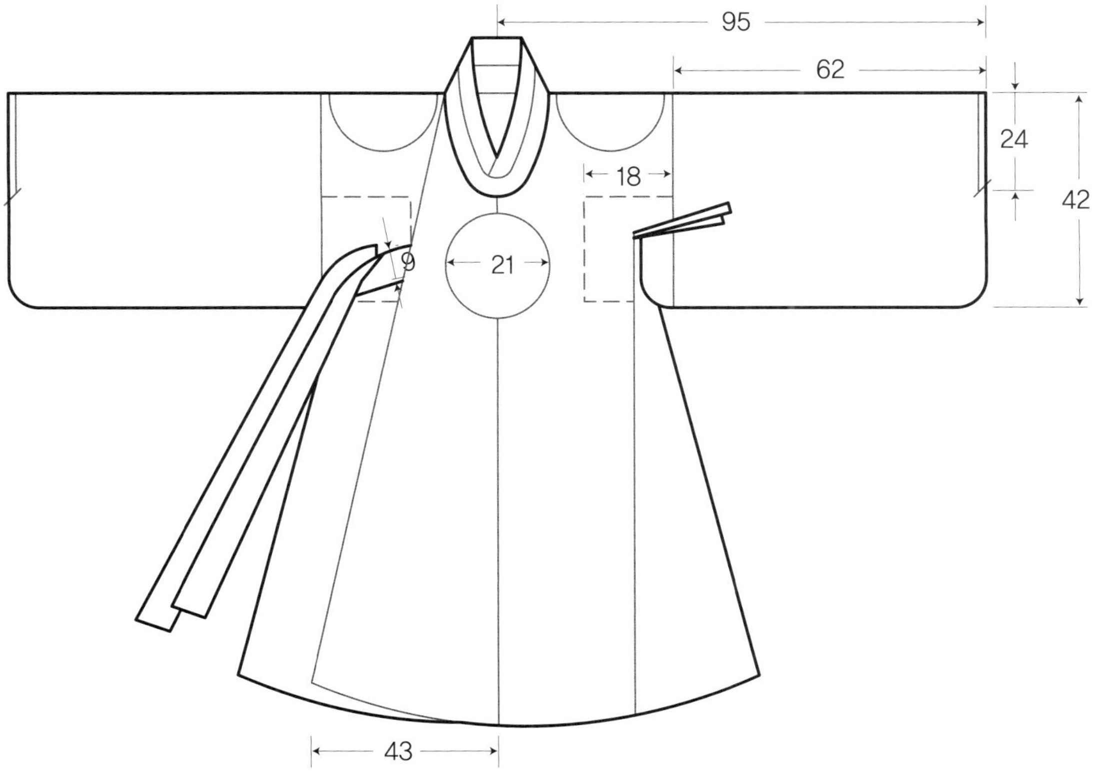

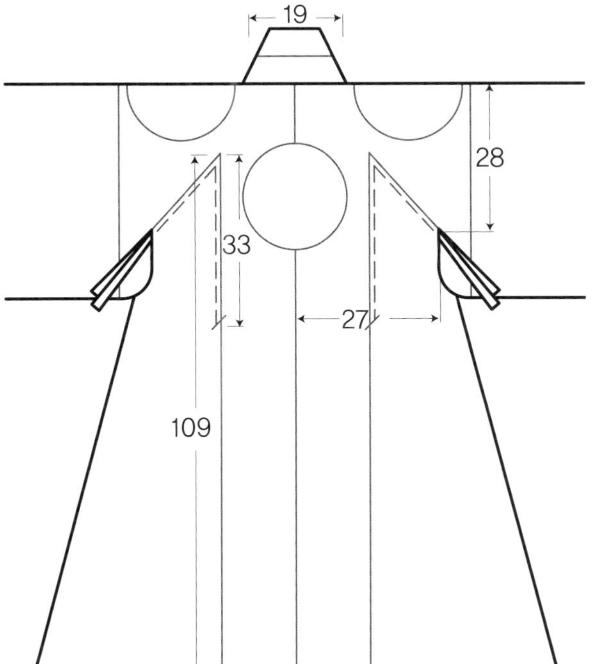

95

62

24

42

18

9

21

43

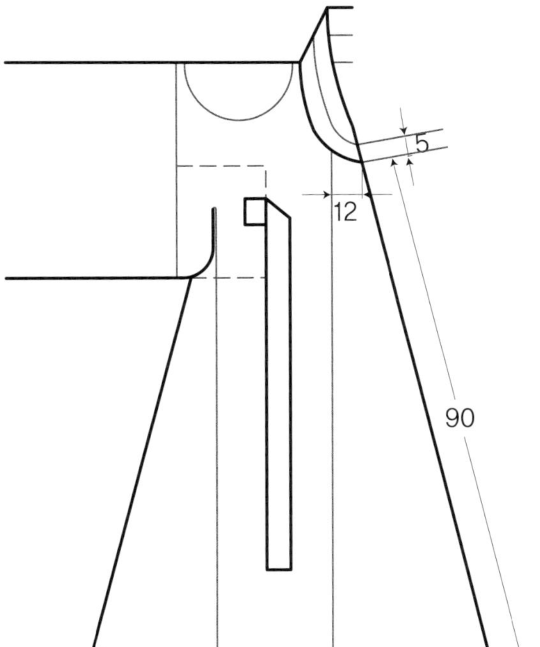

90

5

12

19

28

33

27

109

철릭

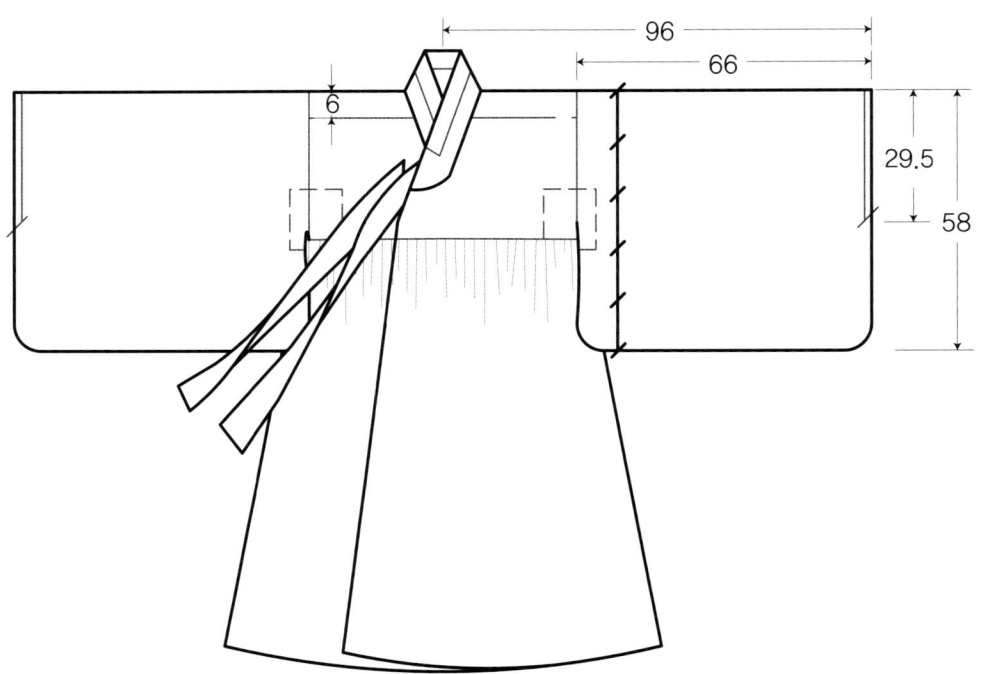

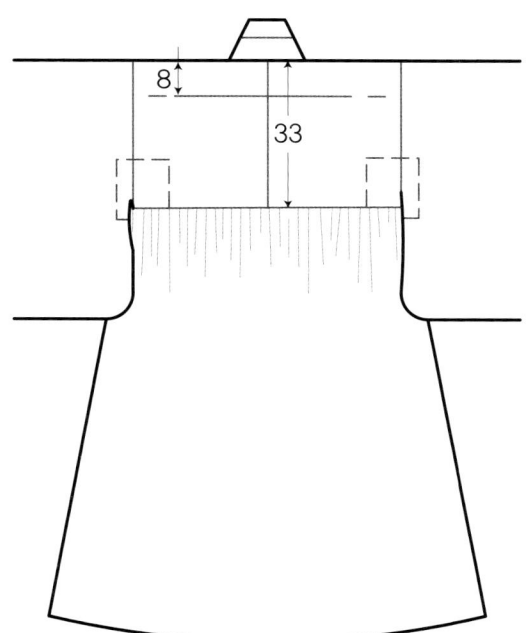

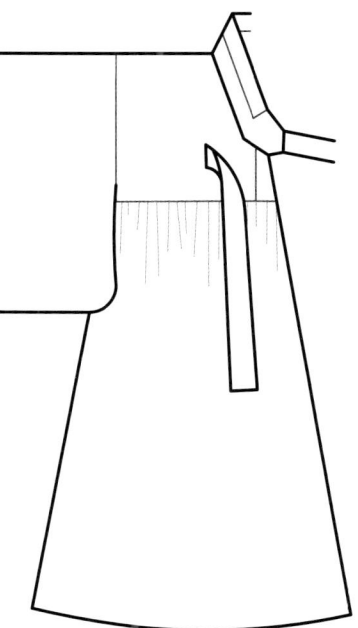

동달이

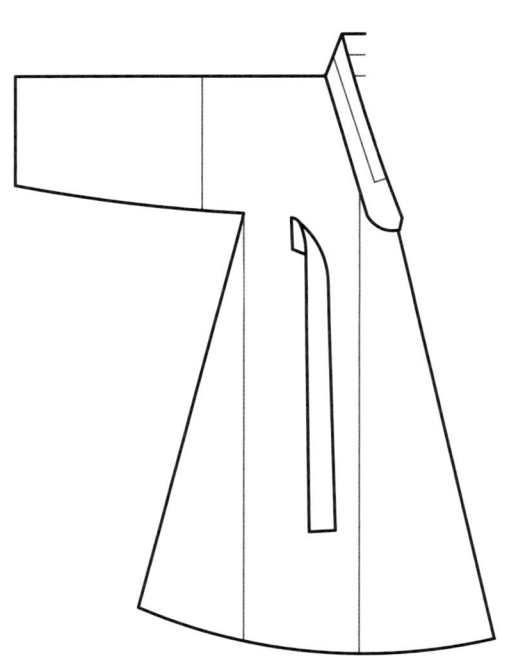

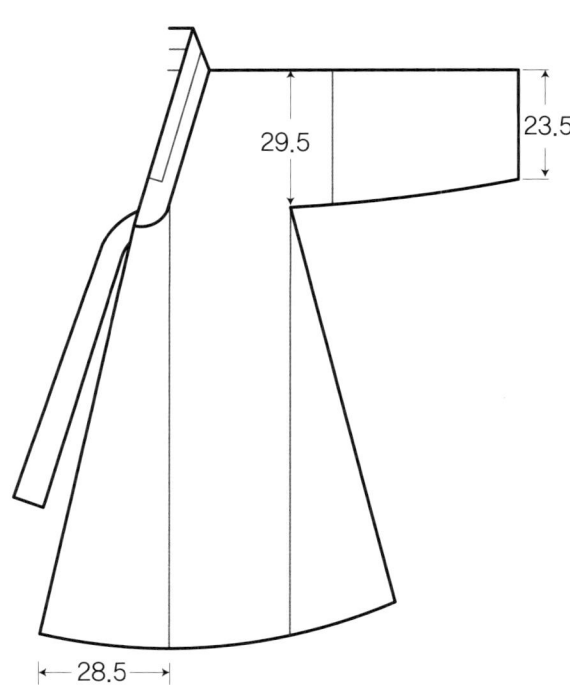

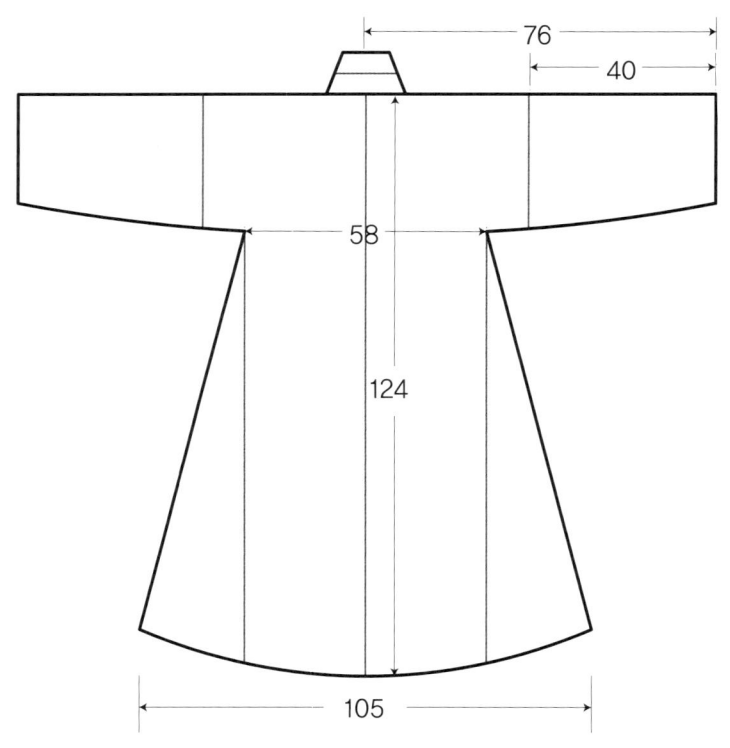

전복

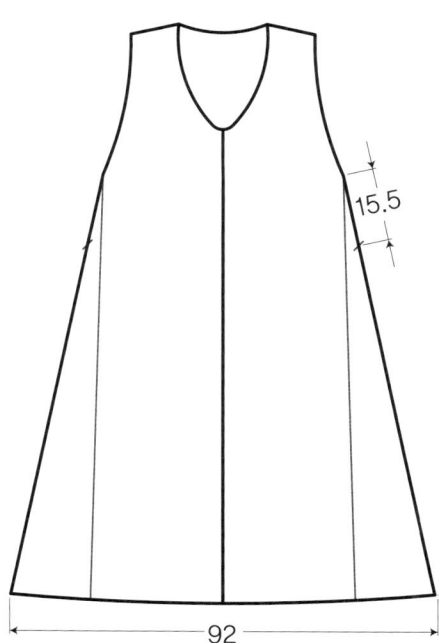

15.5

92

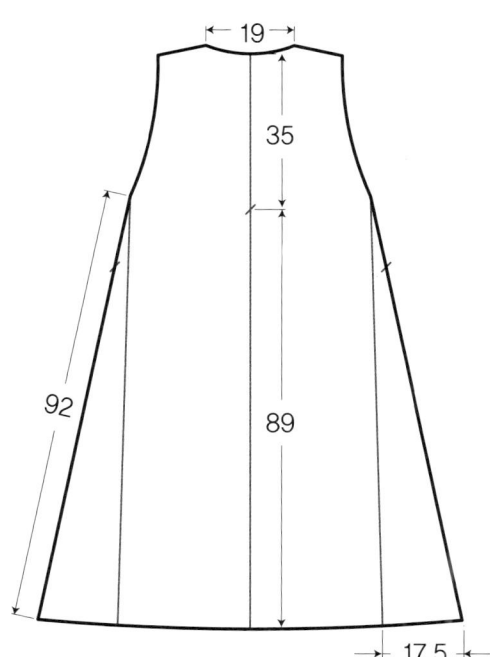

19

35

92

89

17.5

홑주의

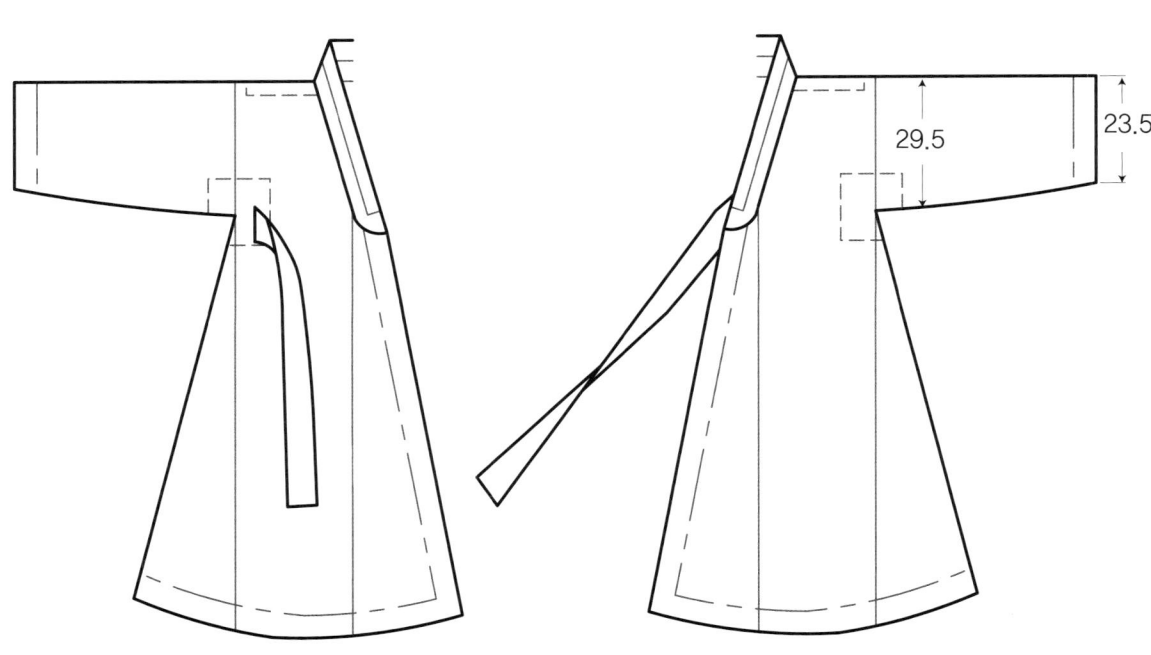

29.5

23.5

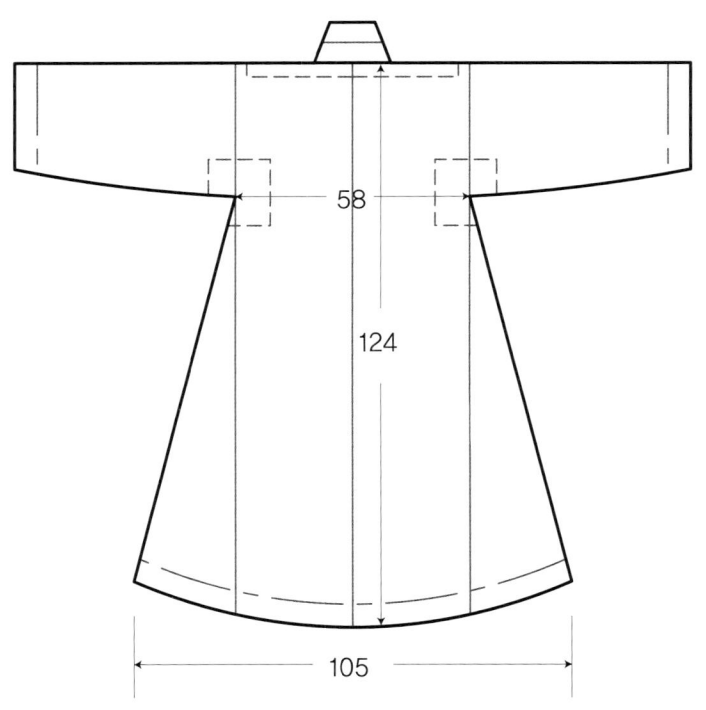

58

124

105

겹주의

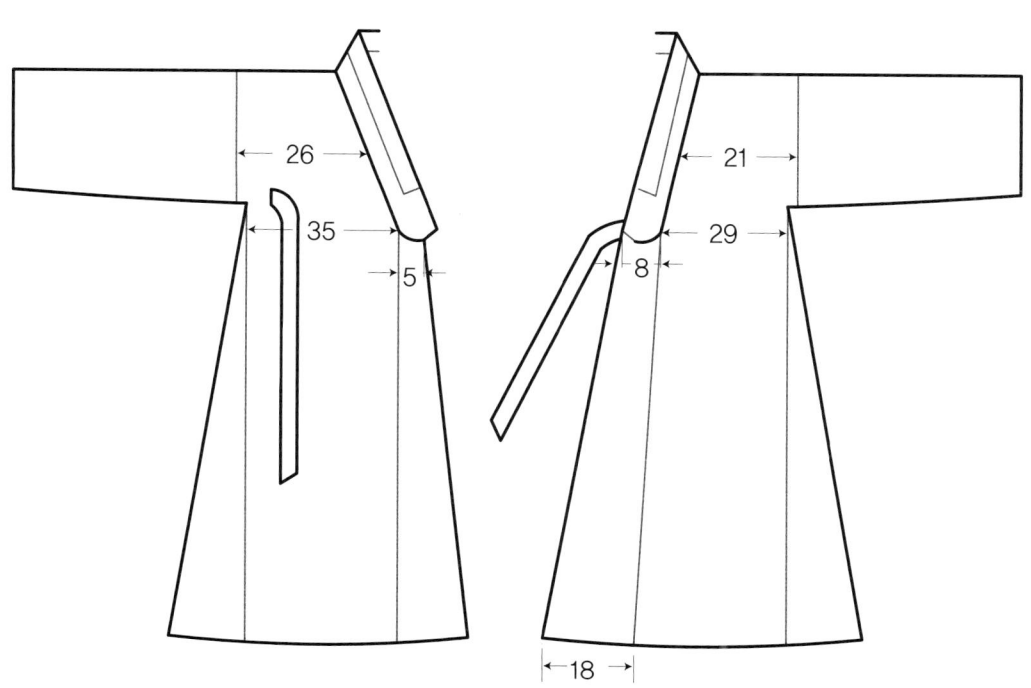

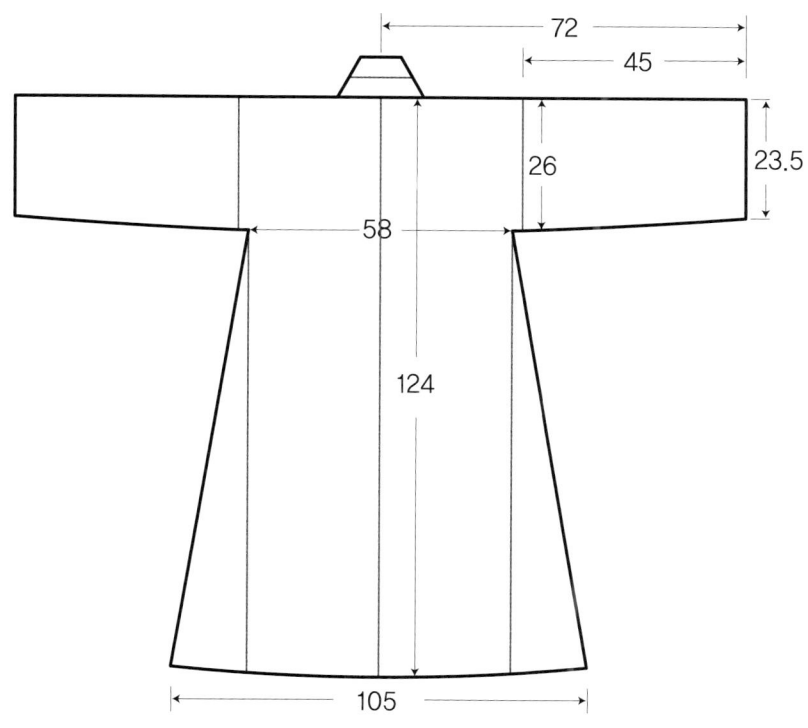

도포

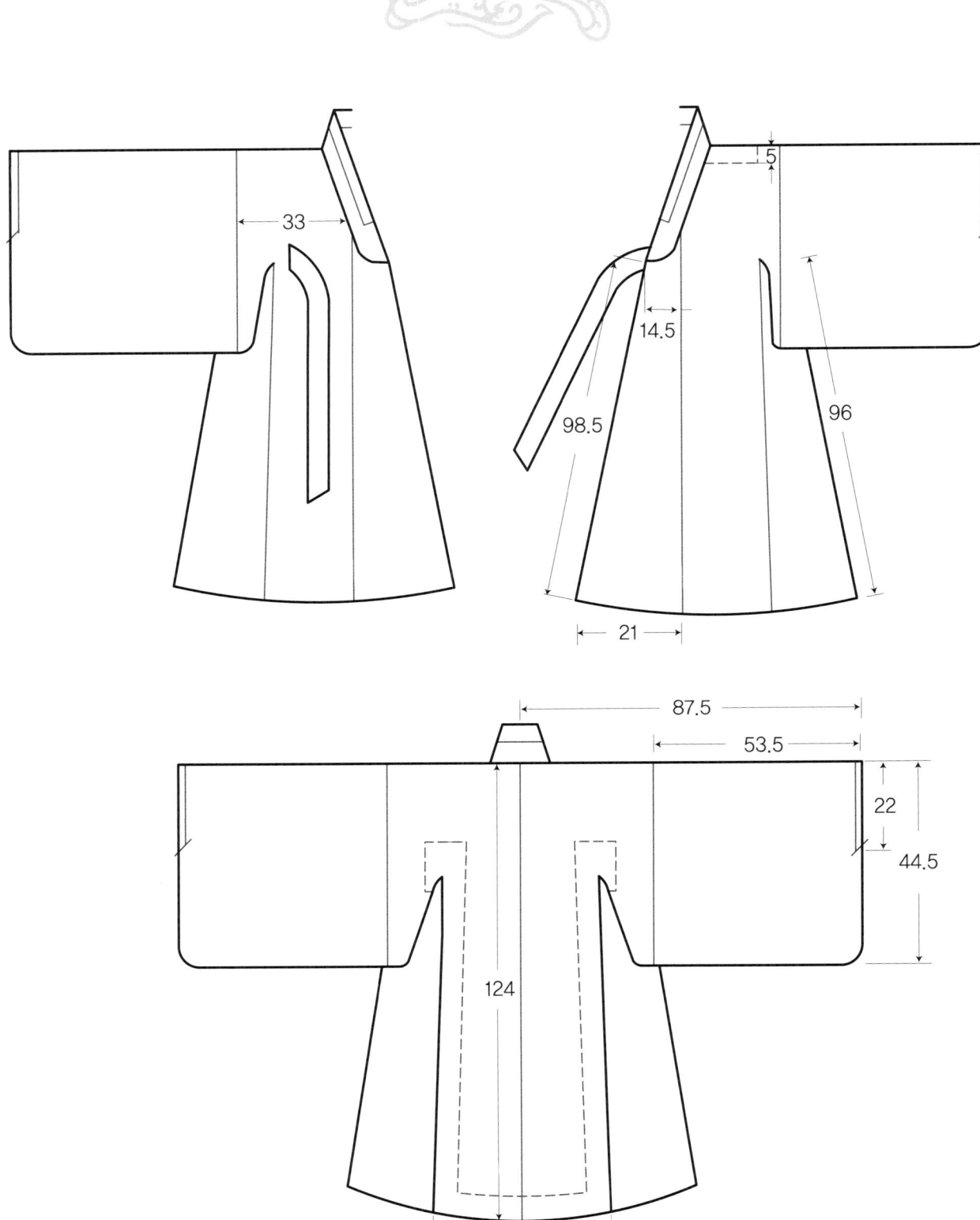

중치막

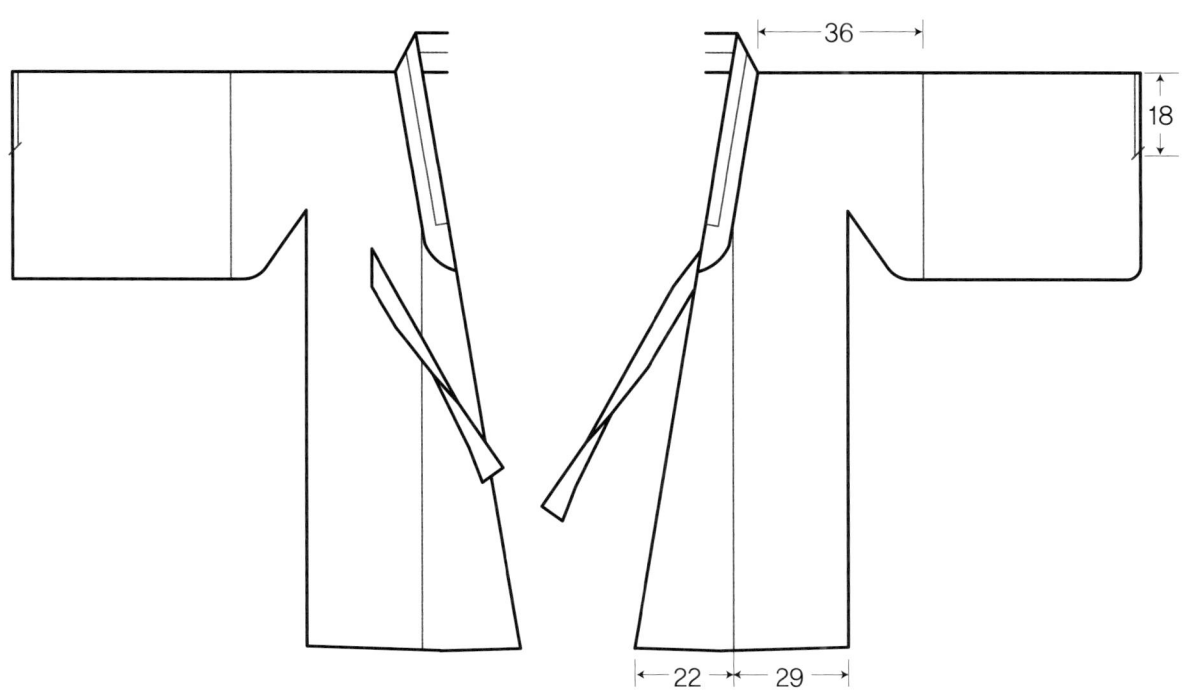

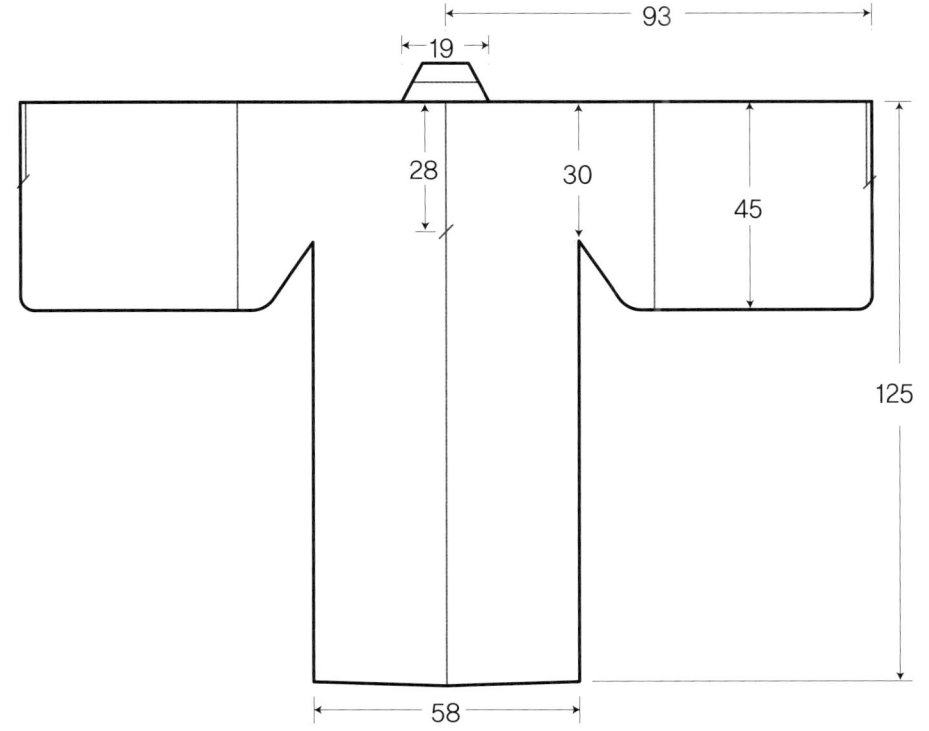

저고리

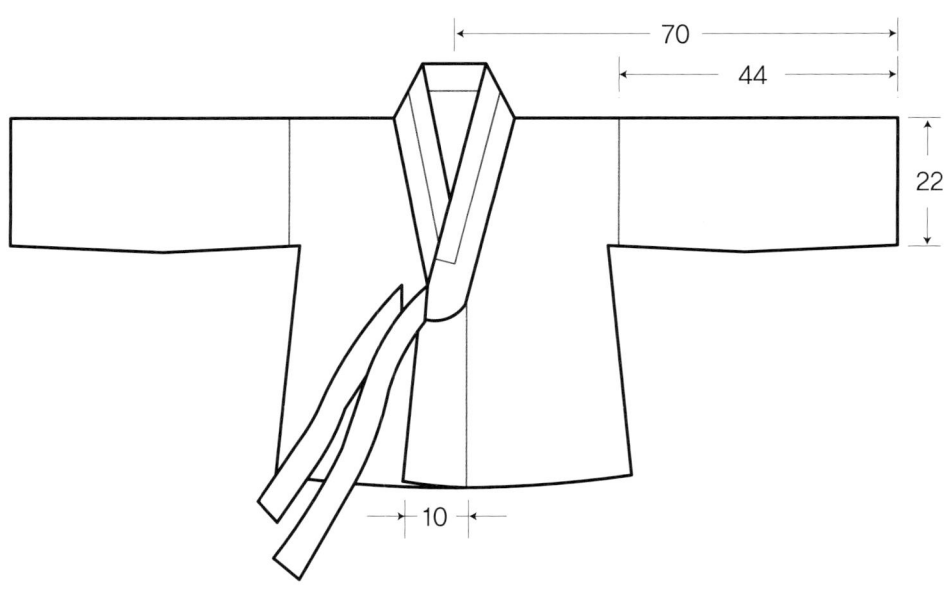

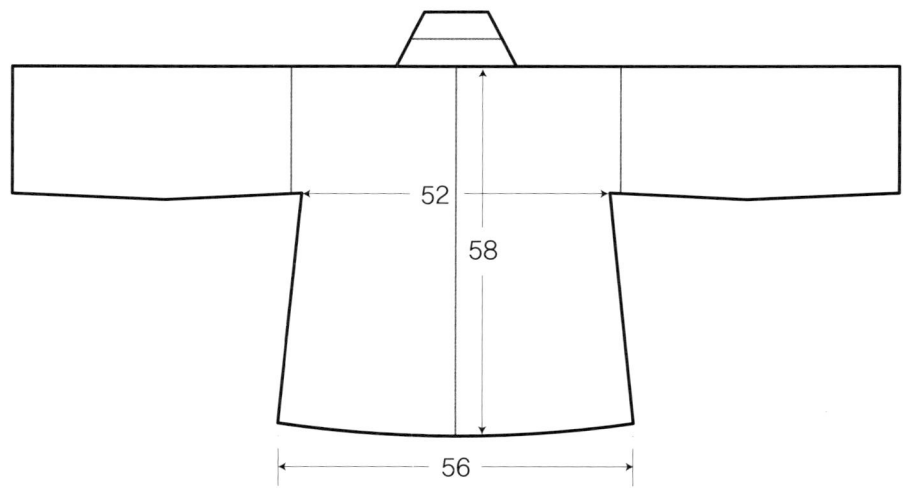

바지

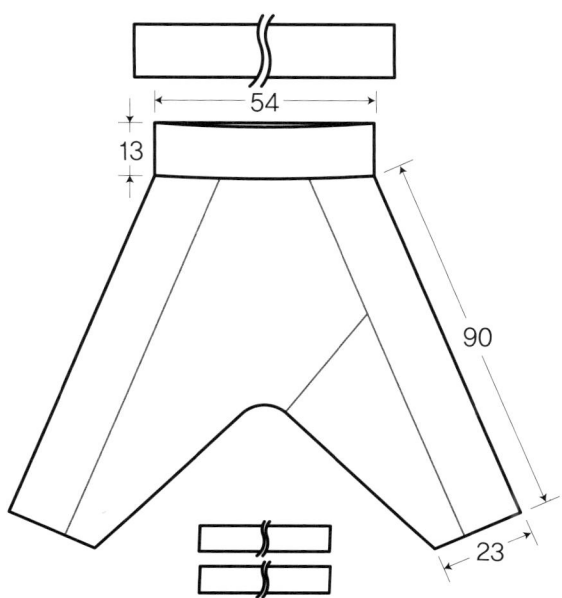

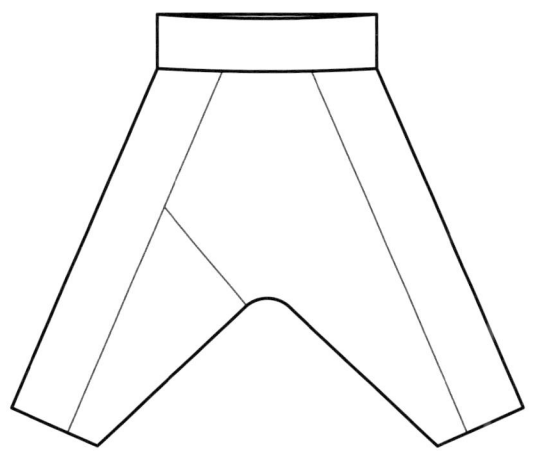

『大韓禮典』은 1897년(광무 원년) 대한제국 창건과 함께 과거의 예제(禮制)를 고쳐 독립국가의 면모에 맞도록 명칭과 제도를 바꾸어 시행하기 위해 만든 예전이다. 『국조오례의』, 『국조오례서례』, 『국조속오례의』, 『국조속오례의서례』, 『국조속오례의보』, 『국조속오례의보서례』 등 이전의 예전과 문물·제도·연혁에 대해 밝혀놓은 『춘관통고(春官通考)』 등을 저본으로 보윤산삭(補潤刪削)하였다. 총 10권 10책의 필사본으로 구성되었는데, 구성은 다음과 같다.

- 권1. 황제즉위(皇帝卽位)에 관계되는 의식 18편
- 권2. 길례(吉禮)로 변사(辨祀)·시일(時日)·축판(祝版) 등 73편
- 권3. 단묘도설(壇廟圖說) 24편, 각궁묘(各宮廟) 47편, 천신서물(薦新庶物) 1편, 대부사서인시향(大夫士庶人時享) 1편
- 권4. 아부악현도설(雅部樂懸圖說) 10편, 속부악현도설(俗部樂懸圖說) 10편, 아부악기도설·속부악기도설·정대업지무의물(定大業之舞儀物) 각 1편, 제복도설(祭服圖說) 7편
- 권5. 의장도설(儀仗圖說) 1편, 노부(鹵簿) 4편, 집사관(執事官) 1편, 관복도설(冠服圖說) 6편, 악기도설·준작도설(尊爵圖說) 각 1편, 속부악장(俗部樂章) 2편, 전정궁가도설(殿庭宮架圖說) 1편, 고취도설(鼓吹圖說) 3편, 무도(舞圖) 5편, 정지성절조하도(正至聖節朝賀圖) 등 그림 5편, 납후제문(納后制文) 등 혼서식 4편, 빈례서례(賓禮序例) 3편, 국서식(國書式) 9편, 군례(軍禮) 2편
- 권6~9. 길례로 의식 74편
- 권9·10. 가례로 의식 49편, 빈례의식 2편, 군례의식(軍禮儀式) 2편, 흉례의식(凶禮儀式) 18편

이 책에서는 왕·왕비·왕대비·왕세자의 호칭을 황제·황후·황태후·황태자로 고치고, 근정전을 태극전으로, 전(箋)을 표(表)로, 교서(敎書)를 조서(詔書)로, 재계(齋戒)를 서계(誓戒)로, 오사(五祀)를 칠사(七祀)로 변경했다. 속국으로서 중국이나 중국황제에 대한 사대의 예에 해당하는 의례와 절차를 폐지하였다. 다른 예서와 달리 원구·종묘·사직 등과 각궁·각전에서 거행하는 의식에서 낭독하는 축문을 '축판(祝版)'이라는 제목으로 한 곳에 모아 열기하였고, 악장(樂章)도 아부(雅部)와 속부(俗部)로 나누어서 모아 정리하였다. 또한 단(壇)·묘(廟)·궁·전·묘(墓) 등을 그림으로 한권에 모아 정리하고, 악기를 고취(鼓吹)하는 방법도 전정(殿庭)·전후(殿後)·전부(前部) 등으로 나누어 그림으로 표시하였다. 무도(舞圖)에 대하여 금척(金尺)·회무(回舞)·봉래(鳳來)·치화평(致和平)·취풍형(醉豊亨) 등으로 구분해 도설하였다. 『국조오례의』에 비해 규모가 크고 의장을 화려하게 표시하는 등 대제국의 면모를 짐작하게 하는 자료이다.

※ 위 내용은 한국정신문화연구원에서 편찬한 『한국민족문화대백과사전』 권6에서 발췌하였음.

대한예전

祭服圖說

皇帝冕服

凡祭天地宗廟社稷先農及正朝冬至聖節
服袞冕光武元年改定其制取大明會典所
載制度者為多以下嘉禮冠服亦如之

冕

十二旒以黃赤青白黑紅綠為之玉珩玉簪導朱
纓青纊充耳綴以玉珠二凡尺皆以周尺為度

冕制以圓庄烏紗冒之冠上有覆板長二尺四寸廣
二尺二寸玄表朱裏前圓後方前後各七米玉珠

衣

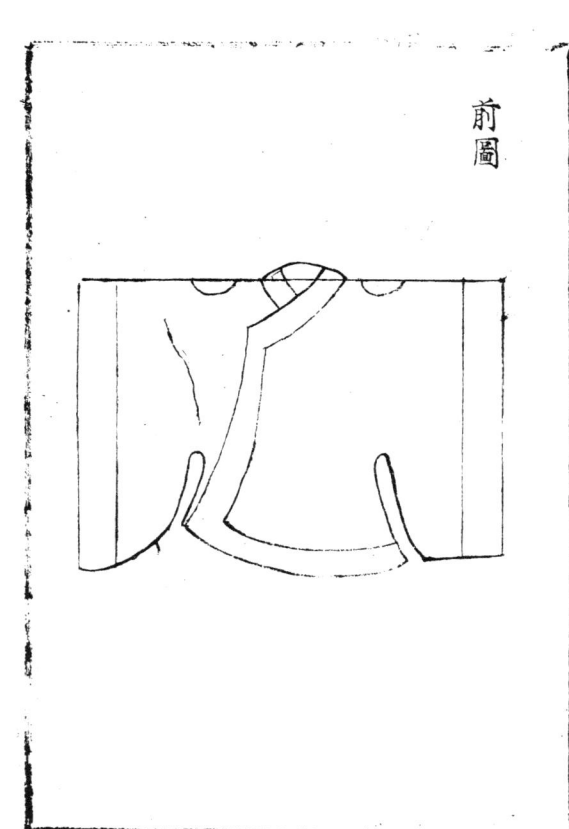

前圖

6

5

後圖

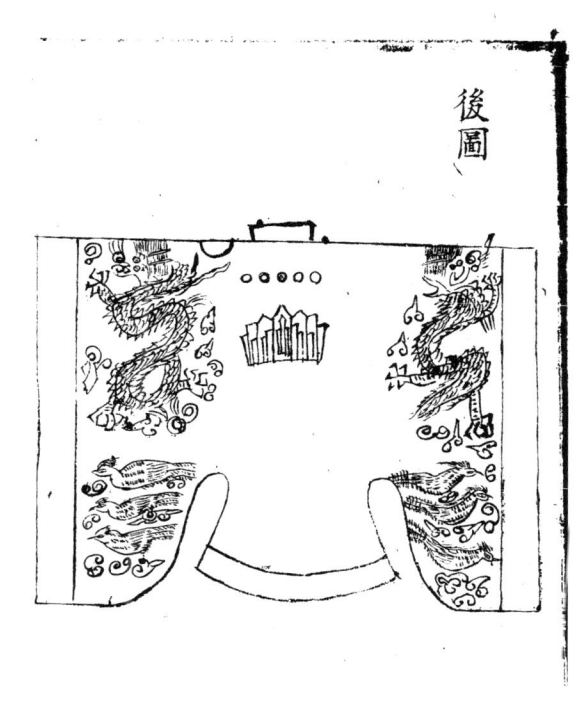

衣玄色凡織六章日月在肩各經五寸星山在後龍華虫在兩袖長不掩裳之六章

裳

中單

裳纁色爲幅七前三幅後四幅連屬如帷凡繡六章分作四行火宗彛藻爲二行米黼黻爲二行

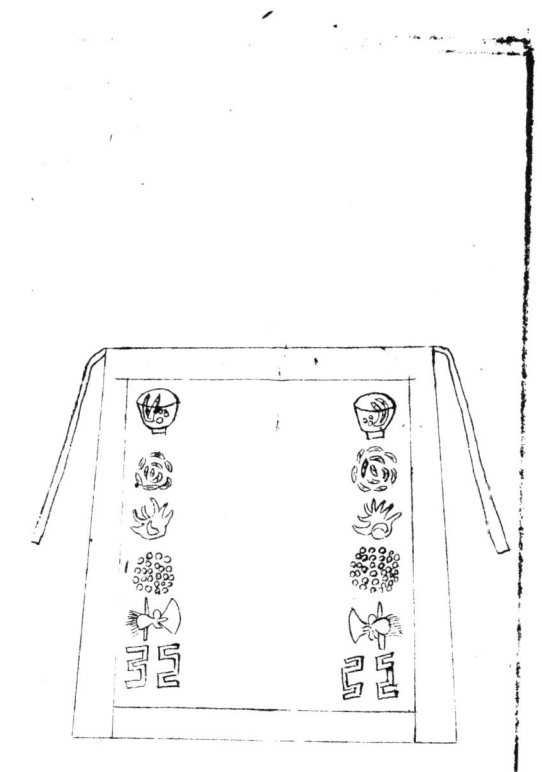

8

7

10

中單素紗為之青綠領織黻文十二

蔽膝

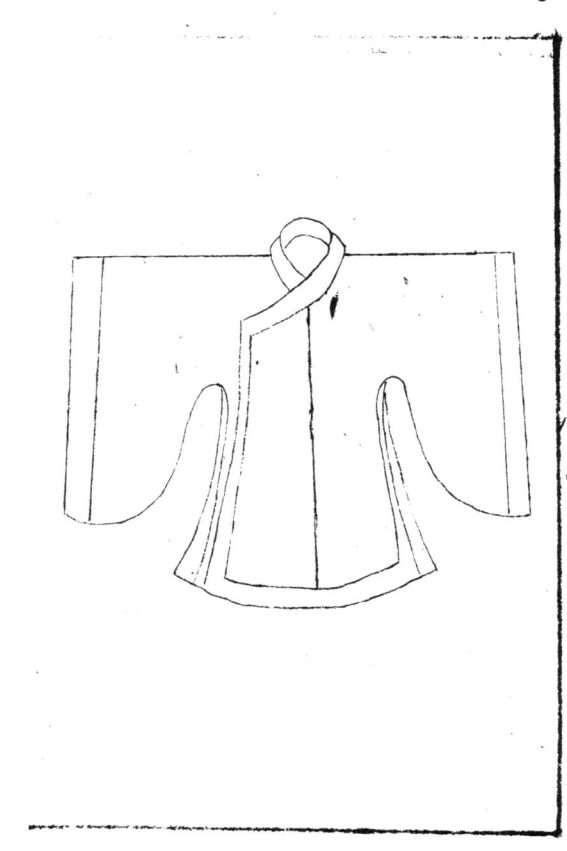

蔽膝隨裳色羅為之上繡龍一下繡火三繫于革帶

革帶

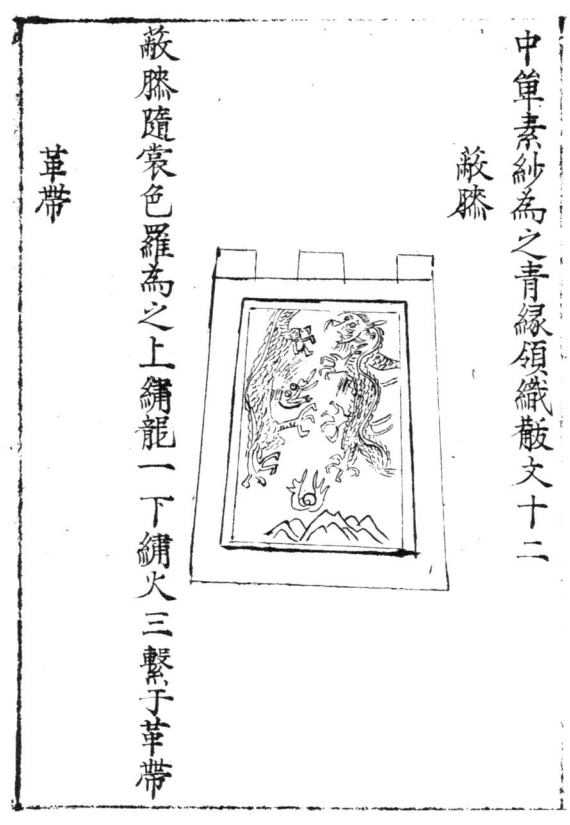

玉佩二各用玉珩一瑀一琚二衝牙一璜二璂下有
玉花玉花下又垂二玉滴瑑餝雲龍文描金自珩
而下繫組五貫以玉珠行則衝牙二滴與璜相觸
有聲其上金鉤二有二小綬六采以副之六采黃
白赤玄縹綠繡質

玉佩

大帶素衣朱裡上緣以朱下以綠不用錦

大帶

12

11

13

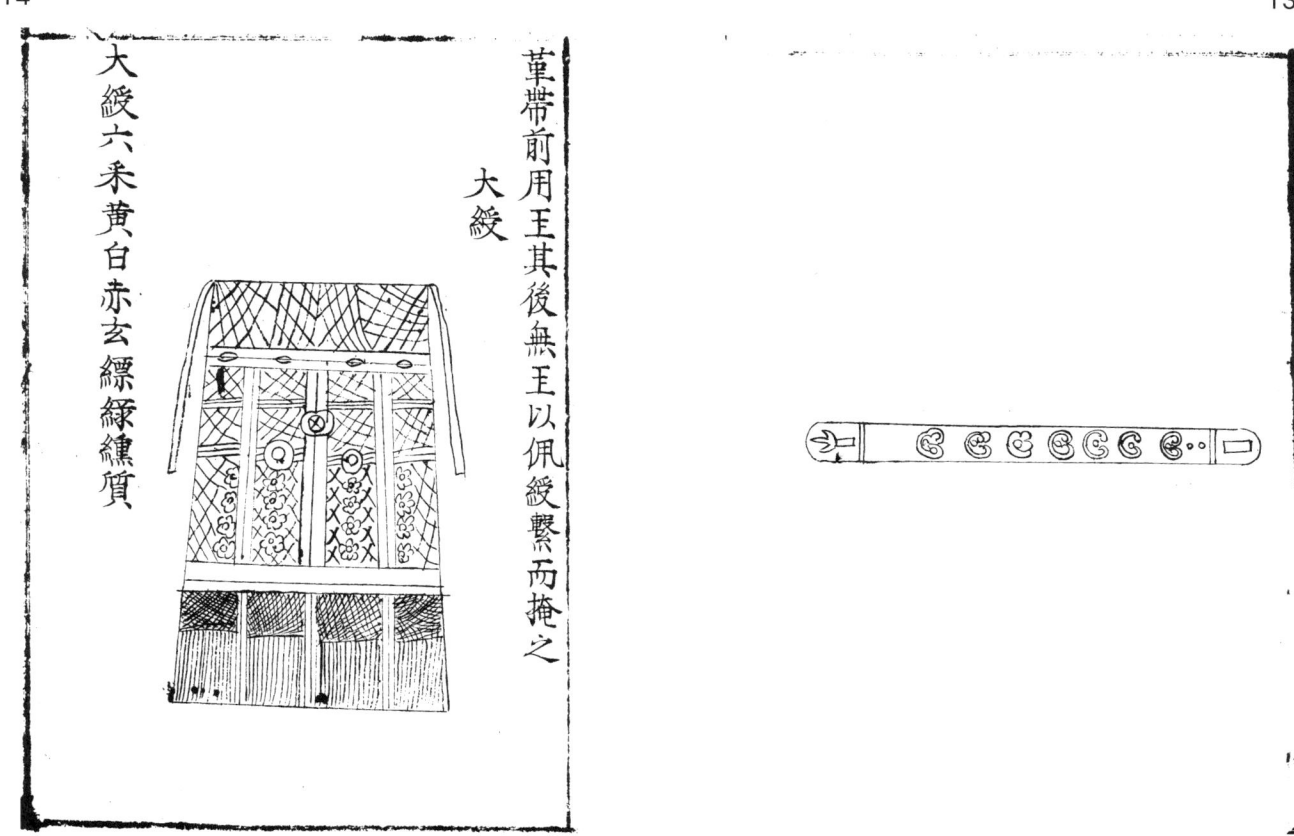

14

革帶前用王其後無王以佩綬繫而掩之

大綬

大綬六采黃白赤玄縹綠纁質

15

圭白王爲之長尺二寸剡其上下以黃綺約之上列
山形四盛以黃綺囊藉以黃錦

圭

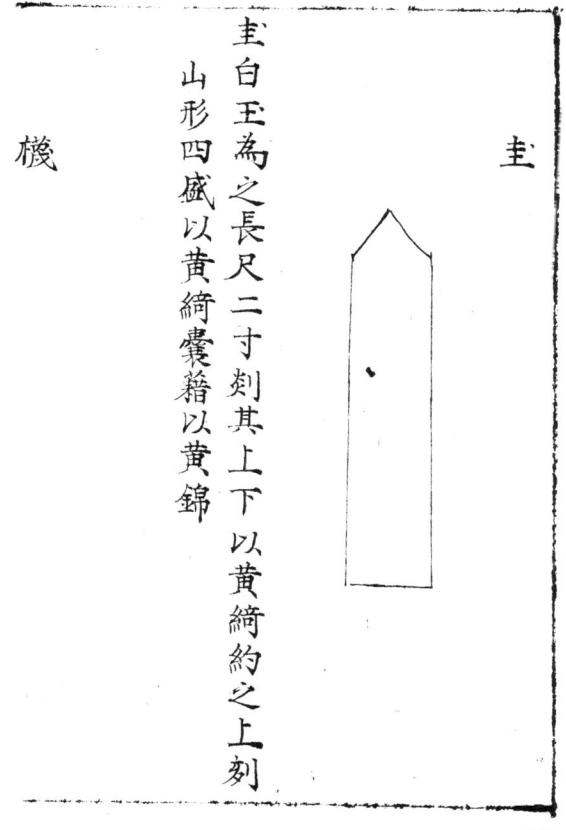

16

襪以朱綬爲之

舃

舃以赤綬爲之黃絲緣玄纓結

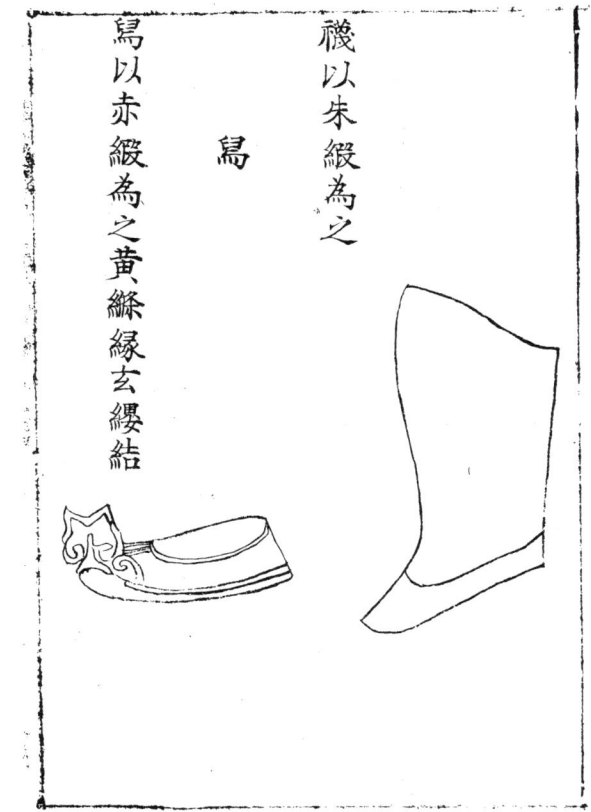

皇太子冠服
凡陪祀天地宗廟社稷及正朝冬至朝會受
冊納妃服冕服
冕

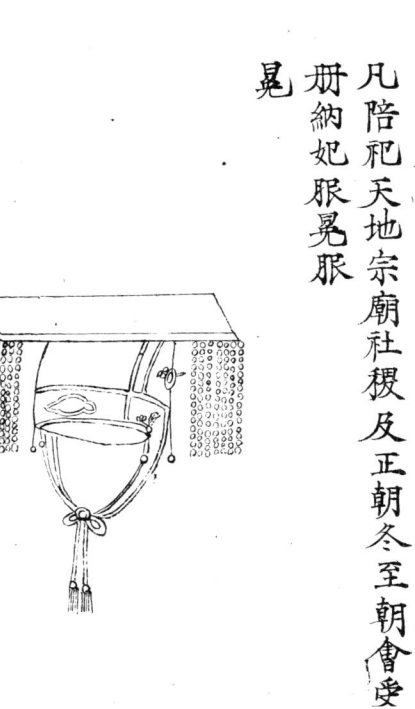

衣

冕冠玄表朱裏前圓後方前後各九琉每琉各五采
繰九就貫五采玉九赤白青黃黑相次玉衡金簪
玄紞垂青纊充耳王用青承以白玉瑱朱紘緌

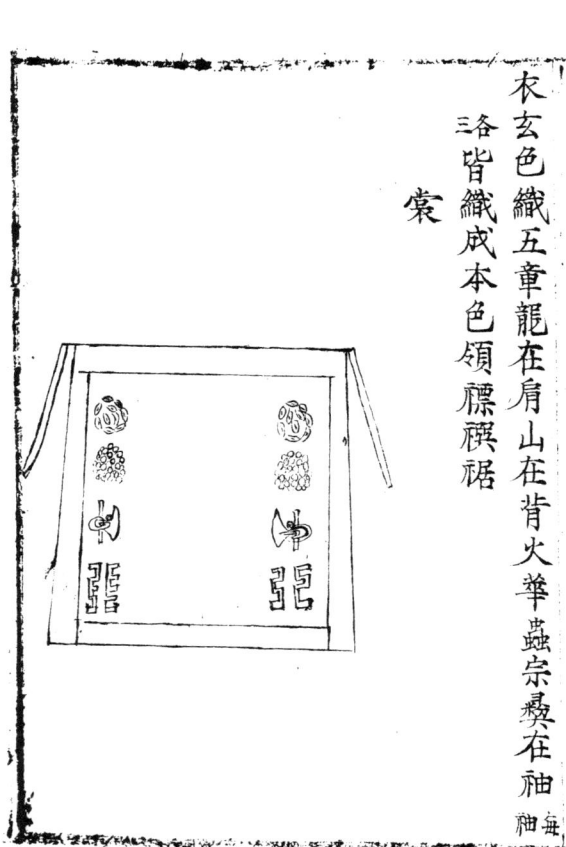

裳

衣玄色織五章龍在肩山在背火華蟲宗彝在袖
各三皆織成本色領褾襈裾

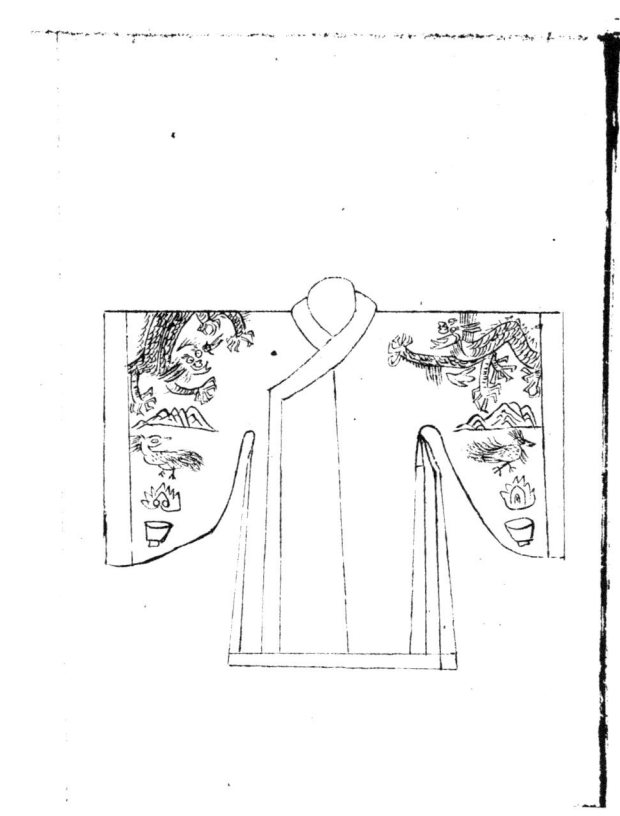

裳纁色四章織藻粉米黼黻各二前三幅後四幅不
相屬共腰有襞積本色絆褚

中單

中單以素紗為之青領標襈裾領織黻文十一

蔽膝

蔽膝隨裳色四章織藻粉米黼黻本色緣有紃施于

珮

縫中其上玉鉤二

玉珮二各用玉珩一瑀一琚一衝牙一璜二瑀下有
玉花花下垂二玉滴璪雲龍文描金自珩而下繫
組五貫以玉珠上有金鉤小綬四采以副之四采
赤白縹綠繡質

26

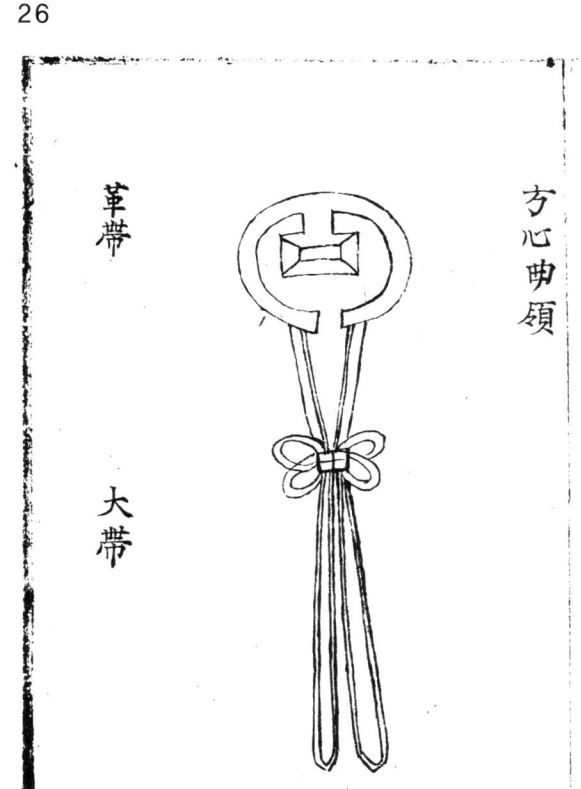

方心曲頌

革帶

大帶

綬

大綬四采赤白縹綠純質

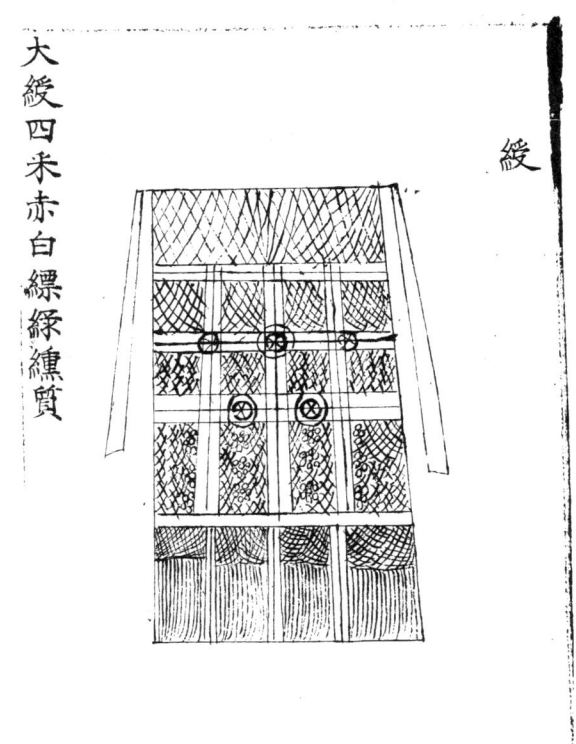

28

襪以赤緞為之

烏以赤緞為之黑鉤純黑歸烏首

革帶金鉤䚢王佩

大帶素衣朱裏在腰及垂皆有緂上緂以朱下緂以

綠紐約用靑組

襪

烏

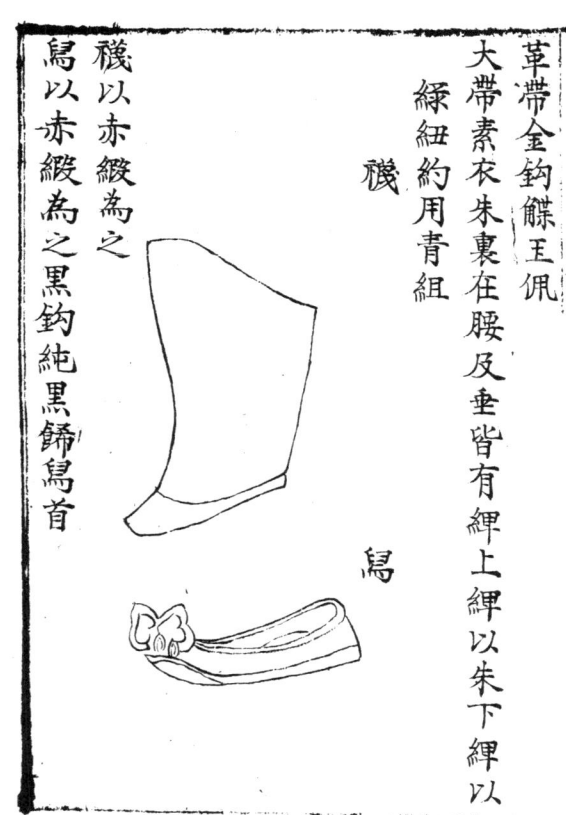

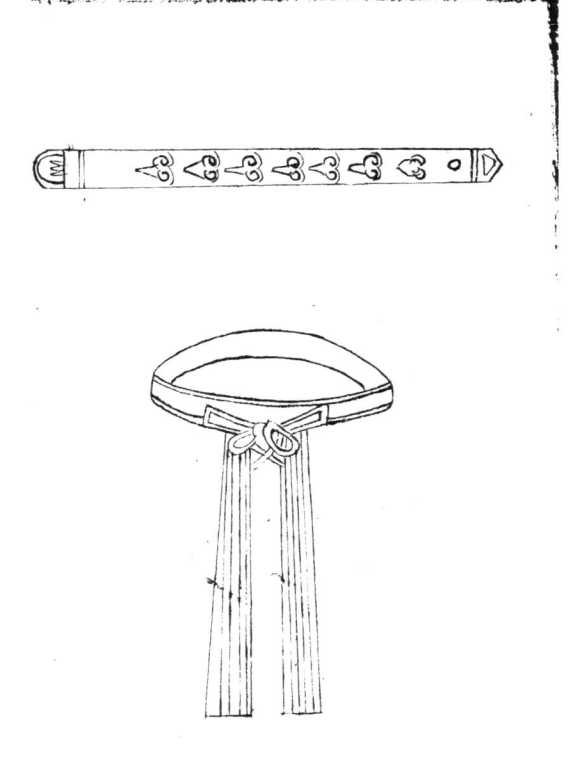

27

면복의 변천

- 冕旒冠
- 衣·裳
- 中單·蔽膝·玉帶·佩玉
- 大帶·綬·襪·舃·圭

冕旒冠의 變遷

時代 ＼ 冕旒冠		旒	廣	長	色	簪導	冠飾	耳飾
後漢		白玉珠, 十二旒	七寸	一尺二寸	玄表朱綠裏		組纓	黃土纊
南朝(梁)		白玉珠, 十二旒	七寸	一尺二寸	皁表朱綠裏		朱組纓	
北朝(魏)		白珠, 十二旒				玉簪導	組纓	黃土纊
隋	開皇制(581)	白珠, 十二旒				玉簪導	組纓	黃土纊充耳
	大業制(605)	白珠, 十二旒			青表朱裏	玉簪導	組纓	纊齊于耳
唐	武德制(621)	白珠, 十二旒	八寸→ 一尺二寸	一尺六寸→ 二尺四寸	黑表纁裏	金飾 玉簪導	組纓 → 朱絲組纓	黃土纊充耳
宋	宋初	十二旒	一尺二寸	二尺四寸	龍鱗錦表 紫雲鶴錦裏	金飾 玉簪導	紅組纓	二纊
	景祐2年 (1035)	十二旒	八寸	一尺六寸	青羅表紅羅裏	玉簪	組帶	黃土纊
	政和3年 (1113)	十二旒	八寸	一尺六寸	青表朱裏	金飾 玉簪導	朱絲組帶纓	黃土纊充耳
遼		白珠, 十二旒				玉簪導	組纓	黃土纊充耳
金			八寸	一尺六寸	青羅表紅羅裏	玉簪導	組帶	黃土纊
元	元初	十二旒	八寸	一尺六寸	青表朱裏	玉簪導	朱組纓	黃土纊
	元12年							
明	洪武16年 (1383)	五彩玉珠, 十二旒			玄表纁裏	玉簪導	紅絲組纓	黃土纊充耳
	洪武26年 (1393)	五彩玉珠, 十二旒	一尺二寸	二尺四寸	玄表朱裏	玉簪導	朱組纓	
	永樂3年 (1405)	五彩玉珠, 十二旒	一尺二寸	二尺四寸	玄綺表朱綺裏	玉簪導		纊充耳(用黃玉)
	嘉靖8年 (1529)	七彩玉珠, 十二旒	一尺二寸	二尺四寸	玄綺表朱綺裏	玉簪導	朱纓	青纊充耳

衣·裳의 變遷

年度	内容	色	章紋數	章紋	施紋法
後漢		玄衣	12章	日·月·星辰·山·龍·華蟲·宗彝·藻·火·粉米·黼·黻	繡
		纁裳			
南朝		皁衣	8章	日·月·星辰·龍·山·火·華蟲·宗彝 ※天監7年：龍→鳳凰, 火→圓花	畫
		絳裳	4章	藻·粉·米·黼·黻	繡
北朝		皁衣	12章		織成
		絳裳			
隋	開皇制	玄衣	5章	山·龍·華蟲·火·宗彝(重宗彝)	織成
		纁裳	4章	藻·粉米·黼·黻(重黼·黻)	織成
	大業制	玄衣	5章	山·龍·華蟲·火·宗彝(重宗彝)	織成
		纁裳	4章	藻·粉米·黼·黻	繡
唐	武德制	玄衣→深靑衣	8章	日·月·星辰·山·龍·華蟲·火·宗彝	畫→織成
		纁裳	4章	藻·粉米·黼·黻	繡
宋	宋初	靑衣	7章	日·月·星·山·龍·雉·虎蜼 ※前代와 다르게 雉·虎蜼紋이 나타남	織成
		紅裙 ※裳을 紅裙이라 칭함	5章	藻·火·粉米·黼·黻	織成
	景祐2年	靑羅衣	8章	日·月·星辰·山·龍·華蟲·火·宗彝	繡
		紅羅裙	4章	藻·粉米·黼·黻	繡
	政和3年	靑衣	8章	日·月·星辰·山·龍·華蟲·火·宗彝	畫
		纁裳	4章	藻·粉米·黼·黻	繡
遼		玄衣	8章	日·月·星·龍·華蟲·火·山·宗彝	可能織成
		纁裳	4章	藻·粉米·黼·黻	繡
金		靑衣	8章	日·月·星·龍·山·華蟲·火·虎蜼	畫
		朱裳	5章	藻·粉·米·黼·黻	繡
元	元初	靑衣	8章	日·月·星·龍·山·火·華蟲·虎蜼	
		緋裳	4章	藻·粉米·黼·黻	
	元12年	靑羅衣	8章	日·月·星·龍·山·華蟲·火·虎蜼	
		紅羅裳	4章	藻·粉米·黼·黻	
明	洪武16年	玄衣	6章	日·月·星辰·山·龍·華蟲	織成
		黃裳	6章	宗彝·藻·火·粉米·黼·黻	繡
	洪武26年	玄衣	6章	日·月·星辰·山·龍·華蟲	織成
		纁裳	6章	宗彝·藻·火·粉米·黼·黻	織成
	永樂3年	玄衣	8章	日·月·星辰·龍·山·火·華蟲·宗彝	織成
		纁裳	4章	藻·粉米·黼·黻	織成
	嘉靖8年	玄衣	6章	日·月·星·山·龍·華蟲	織成
		黃裳	6章	火·宗彝·藻·(粉)米·黼·黻	繡

中單·蔽膝·玉帶·佩玉의 變遷

服飾 / 時代		中單	蔽膝	玉帶	佩玉
後漢				革帶	大佩, 白玉
南朝		中衣, 絳綠領·袖	赤皮韠		玉佩, 白玉
北朝		絳綠	朱紱		玉佩, 白玉
隋	開皇制	白紗内單, 黼領, 青褾·襈·裾	繡韍 龍·火·山	革帶, 玉鉤䑓	雙佩, 白玉, 玄組
	大業制	白紗内單, 黼領, 青褾·襈	朱韍 龍·火·山		
唐	武德制	白紗中單 皁領 青褾·襈·裾 → 黼領 青褾·襈·裾	朱蔽膝 → 朱繪蔽 龍·火·山	革帶, 玉鉤䑓 → 革帶, 白皮	雙佩, 白玉, 玄組 → 雙佩, 白玉, 黑組
宋	宋初	白羅中單	紅蔽膝 昇龍二竝織成	金龍鳳革帶	雙佩, 鏤白玉, 金飾貫真珠
	景祐2年	白中單, 依舊皁·白制造	紅羅蔽膝	革帶, 玉鉤䑓	佩, 白玉, 玄組
	政和3年	白羅中單, 皁褾·襈	繡蔽膝 繡昇龍二	革帶	雙佩, 白玉
遼		白紗中單, 黼領, 青褾·襈·裾	韍	革帶	
金		白羅中單, 單制, 羅褾·襈·裾	紅羅蔽膝 繡昇龍二		玉佩, 白玉上中下璜各一
元	元初	白紗中單, 絳綠	緋羅蔽膝		珩1·琚1·瑀1·衝牙1·璜2
	元12年				
明	洪武16年	白羅中單, 黼領, 青綠襈	黃蔽膝 繡龍·火·山(3章)	玉革帶	玉佩
	洪武26年	素紗中單	紅羅蔽膝 織火·龍·山(3章)	革帶	玉佩, 長三尺三寸
	永樂3年	素紗中單, 青領褾·襈·裾, 領織黼文十三	繡蔽膝 藻·粉米·黼·黻(4章)各二, 本色綠, 有紃, 施于縫中, 其上玉鉤二		玉佩, 珩1·琚2·瑀1·衝牙1·璜2
	嘉靖8年	素紗中單, 青綠領緣 織黼文十三	黃羅蔽膝 上繡龍一下繡火三, 系于革帶	革帶, 前用玉 基後無玉	

大帶·綬·襪·舃·圭의 變遷

時代	服飾	大帶	綬	襪	舃	圭
後漢			黃赤綬：黃赤縹紺 四彩 綖：與綬同彩		赤舃 絢履	
南朝		素帶, 素表朱裏	朱黃大綬：黃赤縹紺 四彩	絳襪	赤舃	
北朝			黃赤綬：黃赤縹綠紺 五彩 小綬：與綬同彩	絳襪	赤舃 絢履	
隋	開皇制	素帶朱裏	雙大綬：玄黃赤白縹綠 六彩 小雙綬：色同大綬	朱襪	赤舃	
隋	大業制	素帶朱裏	雙綬：玄黃赤白縹綠 六彩 雙小綬：色同大綬	朱襪	赤舃 加金飾	
唐	武德制	素帶朱裏 →素表朱裏	雙大綬：玄黃赤白縹綠 六彩, 小雙綬：色同大綬 →大綬：黑黃赤白縹綠爲純, 小雙綬：色加大綬	朱襪	舃 加金飾	
宋	宋初	素表朱裏	綬：一, 六彩 小綬：三, 結玉環 三	紅襪	赤舃 金鈒花玉, 四神玉鼻	
宋	景祐2年	素表朱裏	雙大綬：玄黃赤白縹綠 六彩 小雙綬：色同大綬	朱襪	赤舃 加金飾	
宋	政和3年	白緋, 羅	大綬：赤黃黑白縹綠 六彩 小綬：三, 色加大綬	朱襪	赤舃 綠以黃羅	
遼			綬		舃, 加金飾	
金		白表緋裏	大綬：赤黃黑白縹綠 六彩 小綬：三, 色同大綬	緋羅襪 加錦	紅面白里舃 銷綠	鎭圭(一尺二寸) 大圭(一尺二寸, 不做終葵首)
元	元初	白表緋裏, 羅	玉環綬, 上有三小玉環, 下有青絲絲織網	紅綾襪	履, 納石失, 有雙耳二, 帶鉤, 飾以珠 / 紅羅靴, 高勒	
元	元12年					玉鎭圭(一尺二寸, 副袋)
明	洪武16年	白表紅裏, 羅	大綬：赤黃黑白縹綠 六彩 小綬：三, 色同大綬, 間施三玉環	黃襪	黃舃, 金飾	
明	洪武26年	素表朱裏	大綬：黃白赤玄縹綠 六彩 小綬：三, 色同大綬, 間施三玉環	朱襪	赤舃	圭(長一尺二寸)
明	永樂3年	素表朱裏	大綬：黃白赤玄縹綠 六彩 小綬：三, 色同大綬, 間施三玉環 小綬：二, 黃白赤玄縹綠 六彩, 黑質	赤襪	赤舃 用黑絢純, 以黃飾舃首	白玉圭 (長一尺二寸, 剡其上綺, 上刻山形四約, 以黃綺約其下, 盛以黃綺囊, 金龍紋, 藉以黃錦)
明	嘉靖8年	素表朱裏		朱襪	赤舃, 黃條綠 玄纓結	白玉圭 (長一尺二寸, 剡其上綺, 上刻山形四約, 以黃綺約之, 盛以黃綺囊, 藉以黃錦)

참고문헌

古典

『家禮』.
『嘉禮都監儀軌』.
『家禮源流』.
『家禮輯覽圖說』.
『甲午實記』.
『經國大典』.
『高麗史』.
『高麗史節要』.
『國葬都監儀軌』.
『國朝寶鑑』.
『國朝五禮儀』.
『國朝五禮儀補』.
『宮中撥記』.
『南塘草稿』.
『論語』.
『唐書』.
『大東野乘』.
『大明集禮』.
『大明會典』.
『大典續錄』.
『大典通編』.
『大典會通』.
『大典後續錄』.
『大典後續論』.
『大淸會典』.
『大韓禮典』.
『大韓帝國官報』.
『大韓帝國議定存案』.
『度支準折』.
『東國文獻備考』.
『文獻通考』.
『瓶窩集』.
『殯殿都監儀軌』.
『四節服色自藏要覽』.

『三禮圖』.
『三才圖會』.
『喪禮備要』.
『昭顯世子嘉禮都監儀軌』.
『續大典』.
『松京志』.
『承政院日記』.
『新增補東國輿地勝覽』.
『歷代嘉禮都監儀軌』.
『淵鑑類函』.
『燕行錄選集』.
『禮記』.
『禮服』.
『儀禮圖』.
『日省錄』.
『定古今圖書集成』.
『朝鮮史料集眞』.
『朝鮮王朝法典集』.
『朝鮮王朝實錄』.
『周禮』.
『朱子家禮』.
『進饌儀軌』.
『海行摠載』.
『李王家宮中儀禮』.
金景善. 『燕轅直指』.
金富軾. 『三國史記』.
金允植. 『續陰晴史』. 1921.
金長生. 『家禮輯覽』.
金指南. 『通文館志』.
南鶴鳴. 『晦隱集』.
盧思愼 外. 『東國輿地勝覽』.
馬融. 『尙書傳』.
_____. 『淮南子』.
閔周冕. 『東京志』. 1669.
朴文秀. 『國婚定例』.
朴一源. 『秋官志』. 1939.
朴齊家. 『北學議』.

朴趾源. 『燕巖集』. 1901.

_____. 『熱河日記』.

范曄. 『後漢書』.

憑虛閣 李氏. 『閨閤叢書』. 1809.

司馬彪. 『續漢書』.

尙衣院 編. 『尙方定例』. 1752.

徐居正. 『東國通鑑』.

徐兢. 『宣和奉使高麗圖經』.

徐有榘. 『林園十六志』.

成俔 外. 『樂學軌範』. 1493.

成俔. 『傭齋叢話』.

蕭子顯. 『南齊書』. 537.

宋文欽. 『閒靜堂集』. 1788.

申義慶. 『喪禮備要』.

沈括. 『夢溪筆談』.

沈梓. 『松泉筆談』.

安邦俊. 『默齋日記』.

安鼎福. 『儀禮注疏』.

梁誠之. 『訥齋集』.

吳希文. 『瑣尾錄』.

柳根 外. 『東國新續三綱行實』. 1617.

柳得恭. 『京都雜志』.

_____. 『渤海考』. 1784.

柳馨遠. 『磻溪隧錄』.

柳希春. 『眉巖日記』.

尹國馨. 『甲辰漫錄』.

尹起晉. 『大東記年』.

尹鳳九. 『屛溪集』. 1802.

尹宣擧. 『魯西日記』.

李圭景. 『五洲衍文長箋散稿』.

李圭報. 『東國李相國集』.

李肯翊. 『練藜室記述』.

_____. 『燃藜室記述』.

李能和. 『朝鮮女俗考』. 1927.

李德懋. 『靑莊館全書』.

李晩榮. 『才物譜』.

李萬運. 『萬機要覽』. 1808.

李民宬. 『紫巖集』.

李穡. 『牧隱集』.

李睟光. 『芝蜂類說』.

李時珍. 『本草綱目』.

李延壽. 『南史』.

李裕元. 『林下筆記』.

李陸. 『靑坡雜志』.

李瀷. 『星湖僿說』.

_____. 『受敎輯錄』.

李縡. 『四禮便覽』. 1844.

_____. 『三官記』.

李濟臣. 『淸江先生 鯸鯖瑣語』. 1629.

李齊賢. 『史略』.

李宗城 外. 『國朝續五禮儀』.

李震相. 『四禮輯要』.

李玄錫. 『遊齋集』.

李滉. 『退溪集』.

一然. 『三國遺事』.

任相元. 『郊居瑣篇』.

_____. 『恬軒瑣筆』.

張昭遠 外. 『舊唐書』. 940~945.

長孫無忌, 魏徵 外. 『隋書』. 636.

張廷玉 外. 『明史』. 1735.

張志淵. 『增補大東紀年』. 1908.

丁若鏞. 『牧民心書』.

_____. 『我邦疆域考』. 1811.

_____. 『雅言覺非』.

趙斗淳, 金炳學 外. 『大典會通』.

曺伸. 『謏聞鎖錄』.

趙在三. 『松南雜識』.

蔡濟恭. 『樊巖集』. 1824.

崔南善. 『故事通』. 1943.

_____. 『朝鮮常識』. 동명사, 1946.

崔世珍. 『訓蒙字會』.

脫脫 外. 『宋史』.

韓嶠. 『韓國李年史』.

韓致奫. 『海東繹史』.

憲宗後宮 慶嬪金氏. 『四節服色自藏便覽』.

惠慶宮 洪氏. 『閑中漫錄』. 1795.

洪啓禧 外. 『國朝喪禮補編』.

洪良浩. 『耳溪集』.

洪直弼. 『梅山集』. 1866.

黃景源. 『江漢集』. 1790.

黃玹. 『梅泉野錄』.

단행본

고광림. 『韓國의 冠服』. 화성사, 1990.

고려대학교 민족문화연구소 편. 『韓國民俗大觀』 1~6. 고려대학교 민족문화연구소, 1981.

고려대학교 박물관 편. 『조선시대 기록화의 세계』. 고려대학교 박물관, 2001.

고려대학교 박물관 편. 『服飾類名品圖錄』. 고려대학교 박물관, 1990.

고병익. 『東아시아의 傳統과 近代史』. 삼지원, 1984.

고복남. 『韓國衣服의 類型과 樣式』. 집문당, 1987.

_____. 『韓國 傳統 服飾史 研究』. 일조각, 1986.

국립경주박물관 편. 『국립경주박물관』. 통천문화사, 1996.

국립국악원 편. 『조선시대 음악풍속도 Ⅰ』. 민속원, 2002.

_____. 『조선시대 음악풍속도 Ⅱ』. 국립국악원, 2003.

국립대구박물관회 편. 『한국 전통복식 이천년』. 통천문화사, 2002.

국립민속박물관 편. 『코리아 스케치 : 파란 눈에 비친 100년 전의 한국』. 국립민속박물관, 2002.

국립민속박물관 편. 『한국 복식 이천년』. 국립민속박물관, 1995.

국사편찬위원회 편. 『中國正史 朝鮮傳 譯註』 Vol. 1~3. 국사편찬위원회, 1987.

권오창. 『인물화로 보는 조선시대 우리 옷』. 현암사, 1998.

_____. 『조선시대 우리 옷』. 현암사, 1999.

금기숙. 『朝鮮服飾美術』. 열화당, 1994.

김동욱. 『李朝前期 服飾 研究』. 한국연구원, 1963.

_____. 『韓國服節史 研究』. 아세아문화사, 1979.

김문자. 『韓國服飾文化의 源流』. 민족문화사, 1994.

김민자. 『복식미학 강의 1 : 복식미를 보는 시각』. 교문사, 2004.

김영숙, 손경자. 『(朝鮮王朝)韓國服飾圖鑑』. 예경산업사, 1984.

김영숙. 『朝鮮朝末期王室服飾』. 민족문화문고간행회, 1987.

_____. 『韓國服飾文化事典』. 미술문화, 1998.

김영자 외. 『(忠北大學校 博物館所藏)朝鮮時代服飾研究』. 학연문화사, 1999.

김영자. 『한국복식美 탐구』. 경춘사, 2009.

_____. 『韓國의 服飾美』. 민음사, 1992.

김용숙. 『朝鮮朝 宮中風俗 研究』. 일지사, 1987.

김은정, 임린. 『역사 속의 우리 옷 변천사』. 전남대학교 출판부, 2009.

김정자. 『韓國結婚風俗史』. 민속원, 1981.

김정호. 『이천년 우리 옷 이야기』. 한남대학교 출판부, 2007.

김희진. 『每緝과 多繪』. 광문사, 1974.

_____. 『한국매듭』. 고려서적주식회사, 1982.

단국대학교 석주선기념박물관 편. 『衣』. 단국대학교 출판부, 1996.

_____. 『朝鮮時代服飾特別展』. 단국대학교 출판부, 1986.

_____. 『靴·鞋·履』. 단국대학교 출판부, 2004.

담인복식미술관 편. 『담인복식미술관』. 이화여자대학교 출판부, 1999.

문옥표 외. 『朝鮮時代 冠婚喪祭Ⅰ : 冠禮 · 婚禮篇』. 한국정신문화연구원, 1999.

문화공보부 문화재관리국 편. 『朝鮮時代宮中服飾』. 문화공보부 문화재관리국, 1981.

박경자, 임순영. 『韓國의 衣裳構成』. 수학사, 1975.

박경자. 『韓國服飾論攷』. 신구문화사, 1983.

박선희. 『한국 고대 복식 : 그 원형과 정체』. 지식산업사, 2002.

박옥련. 『한국 전통복식 문양사』. 형설출판사, 2000.

박정혜. 『조선시대 궁중기록화 연구』. 일지사, 2000.

백영자, 최해율. 『한국 복식의 역사』. 경춘사, 2004.

_____. 『한국의 복식문화』. 경춘사, 2000.

백영자. 『조선시대의 어가행렬』. 한국방송통신대학교 출판부, 1994.

_____. 『한국의 복식』. 경춘사, 1993.

杉本正年. 『동양 복장사 논고』. 문광희 역. 경춘사, 1997.

서지민. 『韓國服飾紋樣美』. 일지사, 1982.

석주선. 『(續)韓國服飾史』. 고려서적, 1982.

_____. 『冠帽와 首節』. 단국대학교 출판부, 1993.

_____. 『우리 옷 나라』. 현암사, 1998.

_____. 『裝身具』. 단국대학교 출판부, 1981.

_____. 『韓國服飾史』. 보진제, 1971.

세종대왕 기념사업회 편. 『한국고전용어사전』. 세종대왕 기념사업회, 2001.

손경자, 김영숙 편. 『韓國服飾史資料選集 : 朝鮮篇』. 교문사, 1983.

신명호. 『조선왕실의 의례와 생활, 궁중 문화』. 돌베개, 2002.

_____. 『조선의 王 : 조선시대 왕과 왕실문화』. 가람기획, 1998.

안동대학교 박물관 편. 『17세기 무관 옷 이야기』, 안동대학교 박물관, 2005.

안명숙. 『우리 옷 이야기』. 예학사, 2007.

왕자청. 『冕服服章之研究』. 중화총서편심위원회, 1966.

유복열. 『한국회화대관』. 문교원, 1979.

유송옥. 『조선왕조 궁중 의궤 복식』. 수학사, 1991.

_____. 『朝鮮王朝 宮中儀軌服飾』. 수학사, 1991.

_____. 『韓國服飾史』. 수학사, 1998.

유효순, 최해율. 『복식문화사』. 신광출판사, 2000.

유희경 외. 『우리 옷 이천년』. 미술문화, 2008.

_____. 『혼례 : 전통 속 혼례복의 어제와 오늘』. 한국복식문화연구원, 2007.

유희경. 『조선시대 궁중복식』. 문화재관리국, 1981.

_____. 『韓國服飾文化史』. 교문사, 1982.

_____. 『韓國服飾史研究』. 이화여자대학교 출판부, 1975.

윤세영. 『고분출토부장품연구』. 고대민족문화연구소, 1988.

이강칠, 이미나, 유희경 외. 『역사인물 초상화 대사전』. 현암사, 2003.

이강칠. 『우리나라 어진의 실태 소고』. 이화여자대학교 미술대학, 1981.

_____. 『철종대왕 어진복원에 대한 소고』(문화재 20). 문화재관리국, 1987.

이경자 외. 『우리 옷과 장신구』. 열화당, 2003.

이경자. 『服飾類名品圖錄』. 고려대학교 박물관, 1990.

_____. 『우리 옷의 전통 양식』. 이화여자대학교 출판부, 2003.

_____. 『韓國服飾史論』. 일지사, 1983.

이규보, 이승휴. 『東明王編, 帝王韻紀』. 박두포 역. 을유문화사, 1974.

이규태. 『재미있는 우리의 옷 이야기』. 기린원, 1991.

이민원. 『한국의 황제』. 대원사, 2001.

이상은. 『朝鮮王朝服節史論』. 東方圖書, 1992.

이선재. 『유교사상과 의례복』. 아세아문화사, 1992.

이성무. 『조선왕조실록 어떤 책인가』. 동방미디어, 1999.

이성미, 유송옥, 강신항. 『朝鮮時代御眞關係圖鑑儀軌研究』. 한국정신문화연구원, 1997.

이여성. 『朝鮮服飾考』. 백양당, 1981.

이은영. 『복식의장학』. 교문사, 1996.

이정옥 외. 『청대 복식사』. 형설출판사, 1999.

이종훈. 『국학도감』. 일조각, 1969.

이형구. 『한국고대문화의 기원』. 도서출판 까치, 1991.

이화여자대학교박물관 편. 『服飾』. 이화여자대학교 출판부, 1995.

임동권. 『한·일 궁중의례 연구』. 중앙대학교 출판부, 1995.

임영미. 『한국의 복식문화』. 경춘사, 1996.

장문호. 『복식미학』. 서울대학교 출판부, 1975.

장철수. 『韓國傳統社會의 冠婚喪祭』. 고려원, 1984.

전완길. 『멋 5000년』. 교문사, 1980.

정재훈 외. 『官中遺物圖綠』. 문화공보부 문화재관리국, 1986.

정재훈. 『文化財大觀』. 문화공보부 문화재관리국, 1986.

조선미. 『한국초상화 연구』. 열화당, 1989.

조선사회연구회 편. 『조선시대의 사회와 사상』. 조선사회연구회, 1998.

조선유적유물도감 편찬위원회 편. 『조선유물유적도감』. 동광출판사, 1990.

조풍연. 『사진으로 본 조선시대 : 생활과 풍속』. 서문당, 1987.

조효순. 『韓國復飾風俗史 研究』. 일지사, 1988.

중화오천년문물집간. 『중국복식 5000년』. 손경자 역. 경춘사, 1995.

최규순. 『中國歷代帝王冕服硏究』. 東華大學出版社, 2007.

최순권. 『고종과 순종의 국장 사진첩』. 민속원, 2008.

한국국학진흥원 편. 『선비, 그 멋과 삶의 세계』. 한국국학진흥원, 2002.

한국문화재보호재단 편. 『朝鮮王朝遺物圖錄』. 한국문화재보호재단, 1993.

한국문화재보호협회 편. 『韓國의 服節』. 한국문화재보호협회, 1982.

한국미술연구소 편. 『고려시대의 문화』. 시공사, 1997.

한국의상협회 편. 『500년 조선왕조 복식』. 한국의상협회, 2003.

한국정신문화연구원 역사실 편. 『역주 경국대전』(번역편). 한국정신문화연구원, 1986.

한국정신문화연구원 편. 『藏書閣所藏 嘉禮都監儀軌』. 한국정신문화연구원, 1994.

한국정신문화연구원 장서각 국학진흥팀. 『장서각 도서해제』. 한국정신문화연구원, 1995.

한병삼. 『(한국문화재대계)국보1 : 고분금속』. 예경문화사, 1983.

허동화. 『한국의 자수』. 삼성출판사, 1978.

호암미술관 편. 『대고려국보전』. 호암미술관, 1995.

홍매경, 홍무경. 『朝鮮衣服 · 婚姻制度의 研究』. 을유문화사, 1948.

홍순민. 『우리 궁궐 이야기』. 청년사, 1999.

화메이. 『중국문화 5 : 복식』. 김성심 역. 도서출판 대가, 2008.

황호근. 『한국 장신구 미술 연구』. 일지사, 1976.

G. Nioradze. 『시베리아 諸민족의 원시종교』. 이홍직 역. 신구문화사, 1976.

G. W. Gillmore. 『서울 풍물지』. 신복룡 역. 집문당, 1999.

H. N. Allen. 『조선 견문기』. 신복룡 역. 집문당, 1999.

MBC 편. 『조선왕조 500년 복식전』. MBC, 1986.

논문

강순제. 「韓國 笠制의 變遷에 關한 研究」, 『復飾』 1호. 한국복식학회, 1977. pp. 85~100.

_____. 「冠禮服小考」, 『생활과학연구논집』 4권 1호. 가톨릭대학교 생활과학연구소, 1984. pp. 35~54.

고광림. 「袞龍袍에 關한 研究」, 『論文集』 9권. 인천교육대학교, 1974. pp. 169~192.

_____. 「冕服에 關한 研究」, 『論文集』 7권 2호. 인천교육대학교, 1973. pp. 151~221.

구남옥. 「조선시대 남자바지에 관한 연구」, 『服飾』 52권 7호. 한국복식학회, 2002. pp. 45~55.

권실비아, 노선옥, 이수진. 「조선시대 복식에 관한 연구 – 남자복식을 중심으로」, 『論文集』 제10집. 안성여자기능대학, 2004. pp. 205~224.

권준희, 이준원. 「조선시대 時服에 관한 연구 I – 왕과 왕세자의 時服을 중심으로」, 『服飾』 48호. 한국복식학회, 1999. pp. 71~81.

금기숙. 「조선시대 복식에 표현된 한국인의 미의식 연구」. 이화여자대학교 대학원 박사논문, 1988.

김동욱. 「『高麗圖經』의 服飾史的 研究」, 『延世論叢』 7권 1호. 연세대학교 대학원, 1970. pp. 67~95.

_____. 「이조(李朝) 관모제(冠帽制) 시말(始末)」, 『아세아연구』 7권 1호. 고려대학교 아세아문제연구소, 1964. pp. 21~50.

김동현. 「『尙方定例』에 나타난 조선후기 왕실복식의 수급연구」, 『교육논총』 7호. 숙명여자대학교 교육대학원 원우회, 1998. pp. 21~29.

김명숙, 류정민. 「조선시대 궁중 복식에 나타난 색채와 상징성」, 『論文集 : 인문사회 · 예체능편』 제 25집. 충청대학, 2004. pp. 215~232.

김명숙. 「朝鮮時代 王世子 冕服」, 『服飾』 18호. 한국복식학회, 1992. pp. 155~166.

김미자. 「袞龍袍의 形態에 對한 研究」, 『論文集』 7호. 서울여자대학교, 1978. pp. 279~298.

김서연, 송명건. 「補에 관한 研究」, 『디자인포럼21』 3권. 동덕여자대학교 디자인연구소, 2000. pp. 29~46.

김소현. 「조선시대 상의원의 왕실복식 공급체계 연구」, 『服飾』 57권 2호. 한국복식학회, 2007. pp. 11~28.

_____. 「『상방정례』로 보는 조선왕실의 복식구조」, 『服飾』 58권 3호. 한국복식학회, 2008. pp. 149~162.

김영숙. 「한국 복식사에 나타난 전통색 연구」. 숙명여자대학교 대학원 박사학위논문, 1988.

김영재. 「중국과 우리나라 흉배(胸背)에 관한 고찰」, 『한복문화』 3권 3호. 한복문화학회, 2000. pp. 45~54.

김이든. 「개항이후 남자 모자에 관한 연구」. 이화여자대학교 대학원 석사학위논문, 2007.

김인숙. 「朝鮮王朝 王의 소검, 대검, 포재궁 의대에 대한 研究」, 『服飾』 5호. 한국복식학회, 1981. pp. 207~218.

김정선. 「高句麗 古墳壁畵 人物象의 服飾 硏究」. 동아대학교 대학원 석사학위논문, 1999.

김주연. 「우리나라 服飾에 나타난 傳統色彩에 關한 硏究」. 명지대학교 대학원 석사학위논문, 1995.

김태영. 「朝鮮後期 헤어스타일의 變化 要因 硏究 – 가계금지와 후체의 定着化 과정을 中心으로」. 동아대학교 대학원 석사학위논문, 2002.

도보선. 「朝鮮時代 品帶에 關한 硏究」. 단국대학교 대학원 석사학위논문, 2006.

박수옥. 「朝鮮後期 禮裝用 쓰개류에 관한 考察 – 簇頭里 · 花冠을 중심으로」. 동아대학교 대학원 석사학위논문, 2002.

박은순. 「朝鮮時代 王世子冊禮儀軌 班次圖 硏究」, 『한국문화』 14호. 서울대학교 한국문화연구소, 1993. pp. 553 ～612.

박혜연. 「전통복식과 명나라 복식의 미적 특성 비교 연구 – 회화에 나타난 비례를 중심으로」. 이화여자대학교 대학원 석사학위논문, 1999.

백영자. 「『악학궤범(樂學軌範)』 소재(所載) 복식(服飾)의 변천」, 『한국음악연구』 21권 1호. 한국국악학회, 1993. pp. 57～115.

_____. 「우리나라 袴에 관한 小考」, 『대한가정학회지』 11권 3호. 대한가정학회, 1973. pp. 299～313.

변진의. 「龍形의 象徵的 表現에 관한 硏究 – 韓國的 始原과 特性을 中心으로」. 한양대학교 대학원 박사학위논문, 1989.

석주선. 「李朝 官中儀式節次에 따르는 服飾制度에 關한 硏究」, 『동대논총』 5권 1호. 동덕여자대학교, 1975. pp. 5～101.

안명숙. 「韓國 과帶의 歷史的 硏究」. 이화여자대학교 대학원 석사학위논문, 1979.

안정은. 「고려 원(元) 영향기 남자 복식제도(服飾制度)연구」. 성균관대학교 대학원 석사학위논문, 2003.

우선미. 「한 · 중 적색복식에 나타난 상징성에 관한 연구 – 한 · 중 전통복식을 중심으로」. 홍익대학교 대학원 석사학위논문, 2005.

유송옥. 「御眞圖寫와 그에 나타난 宮中服飾」, 『服飾』 17호. 한국복식학회, 1991. pp. 57～70.

_____. 「儀軌圖의 繪畵史的 特徵과 그에 나타난 宮中服飾」, 『服飾』 10호. 한국복식학회, 1986. pp. 5～16.

_____. 「朝鮮時代 出土服飾을 통해 본 男子 포 硏究」, 『대동문화연구』 18호. 성균관대학교 대동문화연구원, 1984. pp. 151～203.

_____. 「조선왕조시대 가례도감의궤와 그에 나타난 복식」, 『대동문화연구』 20호. 성균관대학교 대동문화연구원, 1986. pp. 189～220.

유효순. 「古代服飾에 나타난 襈에 관한 硏究」. 성균관대학교 석사학위논문, 1981.

윤양노. 「朝鮮時代 宮中 儀禮服飾 硏究 – 正祖朝 『景慕宮儀軌』를 중심으로」, 『韓服文化』 8권 2호. 한복문화학회, 2005. pp. 147～157.

이강칠. 「御眞 圖寫過程에 對한 小考」, 『고문화』 11권. 한국대학박물관협회, 1973. pp. 3～22.

이경자. 「嘉禮都監儀軌의 服飾 硏究」, 『服飾』 1권 1호. 한국복식학회, 1977. pp. 21～48.

_____. 「朝鮮朝 中後期 宮中服飾 硏究」, 『한국문화연구원 논총』 제32집. 한국문화연구원, 1978. pp. 229～263.

_____. 「韓國服飾과 韓國繪畵」, 『服飾』 15호. 한국복식학회, 1990. pp. 15～20.

이경희. 「평양지역 고구려 고분 벽화에 나타난 묘주 복식의 성격」. 인하대학교 대학원 석사학위논문, 2007.

이민주, 유송옥. 「冊禮都鑑儀軌와 冊禮圖屛에 나타난 服飾에 관한 硏究」, 『服飾』 35호. 한국복식학회, 1997. pp. 265～279.

이선재. 「조선시대 유교사상과 의례복 연구」. 세종대학교 대학원 박사학위논문, 1991.

_____. 「朝鮮時代 服飾에 反映된 陰陽五行思想에 관한 硏究」, 『아세아여성연구』 31권. 숙명여자대학교 아세아여성문제연구소, 1992. pp. 179～202.

이송희. 「開化期 服節의 變遷과 그 要因」. 이화여자대학교 대학원 석사학위논문, 1983.

이순자. 「帖裏에 관한 再考論」, 『복식문화연구』 9권 2호. 복식문화학회, 2001. pp. 207~222.

이은주, 박가영. 「英祖代 大射禮儀 참여자의 복식 유형 고증」, 『服飾』 57권 2호. 한국복식학회, 2007. pp. 100~114.

이은주, 임재영, 홍나영. 「王世子出宮圖의 服飾 研究 I」, 『服飾』 28호. 한국복식학회, 1996. pp. 169~186.

_____. 「王世子出宮圖의 服飾 研究 II」, 『服飾』 31호. 한국복식학회, 1997. pp. 47~60.

이은주. 「철릭에 대한 사회학적 분석」, 『한국의류학회지』 13권 4호. 한국의류학회, 1989. pp. 1~11.

_____. 「철릭의 명칭에 관한 연구」, 『한국의류학회지』 12권 3호. 한국의류학회, 1988. pp. 363~371.

_____. 「도포 형태의 전래와 발전양상에 관한 실증적 고찰」, 『服飾』 36호. 한국복식학회, 1998. pp. 5~23.

이은진, 조효숙. 「조선 말기 紗·羅에 관한 研究」, 『服飾』 53권 8호(통권 81호). 한국복식학회, 2003. pp. 121~135.

이의정. 「朝鮮時代 帖裏色의 染色研究 - 紅色系 帖裏를 中心으로」. 숙명여자대학교 대학원 석사학위논문, 1986.

이주영. 「보문(寶紋)의 유형과 조형성 연구」, 『服飾』 54권 2호. 한국복식학회, 2004. pp. 11~23.

이주옥. 「한국의복의 여밈에 대한 연구」. 숙명여자대학교 대학원 석사학위논문, 1986.

임재영. 「조선후기 복식발달의 요인연구」. 이화여자대학교 대학원 박사학위논문, 1990.

_____. 「朝鮮中期 服飾에 관한 研究」, 『論文集』. 한성대학교, 1998. pp. 503~527.

조오순. 「團領에 관한 研究」. 중앙대학교 대학원 박사학위논문, 1986.

진소영. 「금동신발과 백제의 지방통치」. 계명대학교 대학원 석사학위논문, 2008.

최경순. 「가례도감의궤에 나타난 가례복식의 실태에 관한 연구」, 『한국의류학회지』 15권 1호. 한국의류학회, 1991. pp. 15~27.

최수현. 「복식에 표현된 숭고미에 관한 연구」. 서울대학교 대학원 박사학위논문, 2003.

최윤혜, 은영자. 「朝鮮時代 服飾紋樣에 관한 研究」, 『科學論集』 19. 계명대학교생활과학연구소, 1993. pp. 95~124.

최은경. 「韓國傳統服飾 이미지의 世界化를 위한 研究」. 성신여자대학교 대학원 석사학위논문, 2003.

최은아. 「百濟 服飾 研究 문헌과 출토유물의 비교를 중심으로」. 전남대학교 대학원 석사학위논문, 2001.

홍나영. 「조선 중엽 출토 복식에 관한 연구 - 이황 묘 출토 첩리와 창옷을 중심으로」, 『한국의류학회지』 20권 3호. 한국의류학회, 1996. pp. 527~537.

홍순민. 「조선시대 국왕의 복식」, 『역사비평』 통권 73호. 역사비평사, 2005. pp. 351~379.

황의숙. 「한국 전통복식의 착의법에 관한 고찰」. 숙명여자대학교 대학원 석사학위논문, 1986.

찾아보기

Index

著 者

유희경 YOO, Hee-Kyeong

복식학 박사
복식문화연구원 원장
(사)한국복식과학재단 고문
문화재위원회 위원
아미박물관 자문위원
한국복식학회 고문
문화공보부 정책자문위원 역임
한국의류학회 초대회장 역임
복식학회장 역임
저서 : 『한국복식사연구』, 『한국복식문화사』

김혜순 KIM, Hye-Soon

藝丁 김혜순한복 대표
월간 아름다울 美 발행인
(사)한국복식과학재단 상임이사
목원대학교 및 원광디지털대학교 겸임교수
원광대학교 동양학대학원 강사
원광대학교 한국문화과 박사과정 수료
저서 : 『아름다운 우리 저고리』, 『김혜순의 황진이』

고증 Historical Research	유희경 · 김미자	YOO, Hee-gyeong · KIM, Mi-ja
복원 Reconstruct & Represent	김혜순	KIM, Hye-soon
글 Text	유희경 · 김혜순 · 변청자	YOO, Hee-gyeong · KIM, Hye-soon · BYUN, Chung-ja
제호 Calligraphic Title	김용옥 · 김성태	KIM, Young-oak · KIM, Sung-tae
영역 Translation	곽재은	GWAK, Jae-eun
사진 Photograph	홍승진	HONG, Seung-jin
후수 Back Drapery	장순례	JANG, Soon-rye ┃ 망수 기능전승자 제2004-6호
매듭 Korean Knot	심영미	SHIM, Yeong-mi ┃ 매듭 기능전승자 제2009-3호, 동림매듭박물관 관장
그림 Painting on Cloth	권오창	KWON, O-chang ┃ 한국화가
신 Korean Shoes	황해봉	HWANG, Hae-bong ┃ 중요무형문화재 제116호 화혜
관 Korean Crown	김제권	KIM, Je-gwon ┃ 한국궁중복식연구원 운영이사 역임
침선 Needlework	강현희	Kang, Hyun-hee ┃ 침선 도움

Corea 韓國 + *isme* 風

꼬레알리즘

Corealisme is the **Name of Korean Culture**
shared by the world and the Korean people.

꼬레알리즘은 수준 높은 한국문화가 세계문화
의 발전과 인류공영에 기여하는 모습을 나타내는
'한국문화의 이름' 입니다. ㈜꼬레알리즘은 한국
전통문화의 발굴과 보급은 물론 격조 높은 신문
화 창달을 위해 노력하고 있습니다.

Corealisme represents the refined and
sophisticated Korean culture that contributes to
the development of world culture and the
prosperity of the human kind.
Corealisme Co., Ltd. aims not only to discover
and popularize traditional Korean culture but
also to create an elegant new culture.